1週間で身につく、
14歳からの投資

【イントロ】

投資を投機（マネーゲーム）と思う者は結果も投機と同じになる

「投資がしたい」長引く低金利で多くの方からお声を頂戴しています。

インターネットの普及や手数料の自由化により台頭してきたネット証券。手数料は安い分、全部自分で調べねばならず、一歩踏み出すには時間と労力がかかります。対面取引の証券会社に入るのは躊躇われる方も多いかもしれません。対面の証券会社はまだまだ富裕層向けの会社が多いと思います。投資はしたいけれど、ネット証券は手を出せない、そんな人達の「チャレンジしたい」気持ちを大切にしたい、その背中を押したいと、この15年間思ってやってきました。

金融教育を受けたことがある人はかなり少なく、多くの場合誤解から入ります。私が投資を扱っているというと、「上がりそうな株あったら教えて！　いい投資話あったら教えてよ」「結局投資ってマネーゲームでしょ」はたまた逆に「投資、危ない、財産がなくなるのでは？」と言われることがとても多いです。

「投資＝ギャンブル」と思ってらっしゃる方も多いのではないでしょうか。

私の仕事では世にいう、デイトレードのような取引もしています。株には勢いやタイミングもあり、短期に利益を上げるコツは存在します。

ただ、そこにおいても私はこの仕事を始めて、株がギャンブルであると思ったことは一度もありません。

投資を投機（マネーゲーム）と思う人は、結果もマネーゲームと同じになります。これはもう、絶対がないと言われるこの業界で絶対に限りなく近いことと思っています。たとえ短期の取引だとしても、投資はギャンブルではありません。「投資」です。投資の本質を知れば、人生において大きな味方になってくれます。

そんな「投資」と長く人生を伴走したいと思いませんか。

いい担当者にめぐり合うより大切なことが存在します。

「自分に合った投資をする」ことです。

「やってみたい」は最大の動機です。もうその時点で皆さんは投資のステージに上がっています。さて、ここからどうやってその、「自分に合った投資」を探すのか、せっかく湧き出た「やってみたい」のチカラ、何もせずにそのままにするのは、もったいないです。

本書は手法的な株の運用や、資産形成　　については踏み込んでいません。それ以前に大切な「自分に合った投資の探し方のヒント」をたくさん載せています。

皆さんは生活するだけでも日々意識しなければならないことがたくさんあると思います。この世の中にあふれている投資情報は、投資にも労力を割かなければいけないことが多いように思います。

学校にも行かなければいけない、会社にもいかなければいけない、日々やることがたくさんある中で投資まで意識しなければならない？　そんなことはありません。無理なく楽しく続ける方法、もっといったら無意識で投資脳になる方法を身に着けるためのエッセンスを本書では少しでもお伝えできればと思います。

私には中学１年生と小学校５年生の息子がおりますが、子育ての育児書を読むより、どうしたら、私らしい育児ができるかを日々模索してきました。私ができること「投資」を子供たちが物心ついてからずっと興味をもってほしい、伝えたいと思って試行錯誤をしてきました。このコロナ禍は世界が変わるきっかけにもなりましたが、「世界が一遍するような出来事」というのは投資にとっては大きなリスクでもあり、チャンスにもなります。

思い起こせば一年前、日本でコロナウィルスは確認されていませんでした。日本に入ってくるのも時間の問題ではあったと思いますが、豪華客船のダイヤモンド・プリンセス号での集団感染が確認されたのです。そのニュースを連日テレビで見て、息子は「怖いね。この会社、大丈夫なの？　会社危ないのではないの？」と言いました。私は海外の株も扱っており、そのころ、長年、株をされてきたお客様の中にも、同社に興味をお持ちの方もいらっしゃりました。

そこで運航会社である、カーニバル社の株を見ると、年始には50ドルちかくまであった株が３月のコロナショック下で10ドル近辺まで下落していたのです。アメリカの株は１株から買えますので、子供のお小遣いで十分手が届く値段です。為替レートが1ドル105円とし、手数料を考えずに計算したら、1,050円で1株買えるわけなのです。
10株買っても10,500円です。これが21ドルになれば倍になります。

なかなか、この状態でコロナ前に戻るのは難しいにしても落ちた分の半分でも取り戻せたらと思って買うこともできるわけです。

子供にとったら、1万円は大きなお金です。1,000円だって大きなお金かもしれません。
あの時、その大切な1万円を握りしめて「この株買ってみよう」と思った息子も特別な能力があるわけではなく、何も私が投資を日々教えこんできたわけでもありません。

ニュースを受けてこんなにも下がっている、勇気をだして、海外の買いやすい株を、たまたまのきっかけで見つけました。
これは偶然でもあるように思えますが、投資のアンテナが立っていないと気づくこともできません。この時、ニュースを見て、怖いね、だけではなく、「この船を作っている会社や運航している会社は大丈夫なのだろうか」という観点をもてたことは、長年試行錯誤してことあるごとに投資のエッセンスを与えてきた私には、大変うれしいことでした。

子供の感性は素晴らしい。今の大人だって昔は子供だったわけです。お子さんであれば、ぜひ、その好奇心を最大限に生かしてほしいと思っていますし、大人であれば心の奥底にしまってしまった「好奇心」をひっぱりだしてほしいと思っています。

また、厳しいことを冒頭から申し上げますが、この世界は「自己責任」が特に伴う世界です。最後は自分が決めないといけない世界でもあります。損をしようと、利益を出そうと、結果は自分で責任をとらないといけません。その覚悟が子供ながらに出てきた機会でもありました。

私はこの職業に憧れをもって就き、誇りをもって働いてきました。
この仕事を子供に伝えたい思いは人一倍大きかったと思います。
好奇心も旺盛で、じっとしていられず、難しい話は分からない、今は魅力的なものがたくさんある子供にどうやって投資を教えるかをずっと考え、子供に試してみました。ある時気づいたのは、教えるのではない、子供の感性、感受性、好奇心を活かせるかたちで無意識に投資のアンテナを立てさせればいいのではと。
これは、大人にとっても良い方法であると思います。
ご相談に来られる方も、生活をするために、やらなければならないことで頭がいっぱいと言う方が本当に多いです。そんな中で投資を始めても続けることができず、損をして二度と投資しないと諦めてしまいかねません。それなら無意識に気づいてしまうくらいになれたらよいと思いませんか。それも好きなもので‼

私たちが、カーニバル社という株を見ていたころ、その時点でコロナがどうなるのか、相場が動くのかを正確には予測できませんでした。長いこと、株式市場に関わる仕事をしてきていますが、リーマンショックを経験してきた身としては、もちろん要因は違うとしても、こんなに早く株価が戻り、ここ数年の高値を更新していくなんて、想像するのは難しかったです。

投資って最初はドキドキしない金額で始めることも大切です。

今ご紹介した株はその一例ですが投資を始めようと思った時、お子さんのお小遣いやお年玉の一部で始められる投資もたくさんあるのです。

投資のタネは日常にたくさん落ちています。意識していないので見逃しているだけなのです。ほんの少し変えるだけで、皆さんは「やわらか投資脳」を手に入れることができます。

この本を手に取った皆さんが明日から意識が変わり、投資の世界に一歩踏み出すこと、そして小さな投資家さんの卵の育て方を知るきっかけになればと思っています。

この一歩は小さな一歩ですが、皆さんの人生にとっては大きな飛躍となることを願っています。

有限会社　東信保険サービス
代表取締役　髙橋　美春

【イントロ】

【1日目】 投資ってなに？

【2日目】 なぜ投資なのか。

【3日目】 投資に必要な知識とは?

【4日目】 投資先の見つけ方

【5日目】 実際に投資をしてみる

【6日目】 こんな時どうしたらいいの？

編集制作　千葉秀範
制作進行　原田　健
　　　　　表　　敏
企画　有限会社 ハード
　　　有限会社 デュマデジタル

【1日目】

投資ってなに？

【1日目】

投資ってなに？

（1）投資とは？　それぞれの仕組み

　この本を手にとってくださった皆さんは投資に興味があり、投資を勉強したいと言うお気持ちがあると思います。でもそもそも「投資」とは何なのでしょうか。

　皆さんは、投資という言葉をどんな時に使いますか？　お父さんお母さんが、お子さんに「投資する」と言っていい塾やいい学校に入れたり、「自分に投資する」と言って自己啓発や高いエステに通ったり、セミナーにお金を出したりしませんか。

　この時、皆さんは見返りをどこに求めているでしょうか。お子さんやご自身の成長や未来ではないでしょうか。これ、もし思うように結果が出なかったら返ってこない、それでもいいと思って出していますよね。そう、これが「投資」です。

　投資とは、「未来の利益」のために資金や労力を投じることです。この際、「必ず見返りを得られる」という保証がありません。これが投資です。つまり、なくなってしまうこともあるわけです。ただ、序章でも書きましたが、「投資を投機（マネーゲーム）と思う人は結果もマネーゲームと同じ」にしかなりません。

ここで質問ですが、返ってこないかもしれないお金を簡単に出すでしょうか。例えば、自分の子供や自分に投資しても見ず知らずの子供や他人に安易に大切なお金を出す人はいないと思います。投資するには「理由」が必要です。その理由もなく勢いでお金を投じことを「投機」と言います。

投資はどこにいったらできるのでしょうか。皆さんが「投資をしたい先」がどこかによっても異なります。不動産に投資したいなら不動産屋さんですし、株を買ってみたければ証券会社ですし、投資商品によっては、お金を預けている銀行でも投資はできます。銀行の窓口にいくと、「資産運用はこちら」と書いてある窓口があるところが多いですね。銀行でも投資できるものもあるのです。

例えば銀行のホームページを見てみましょう。

こちらは日本の都市銀行のひとつ「三菱 UFJ 銀行」の個人のお

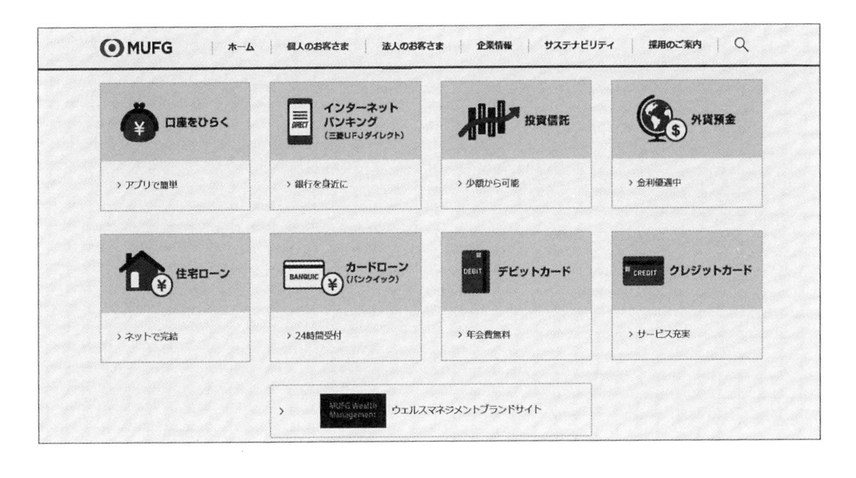

客様向けのページです。投資信託というのが投資の商品になります。このように銀行でも投資商品を扱っているところが今はほとんどだと思います。では、証券会社のホームページをみてみましょう。

こちらは楽天証券のホームページです。扱っている商品が随分多いように見えます。多くの証券会社で扱っているのは、大きく分けると3つになります。まずはこの3つを抑えていればOKです。

① 株式
② 債券
③ 投資信託

証券会社の証券とは株式や債券などの価値を証明する証明書のことです。

国や企業などがお金を集めるための手段として、銀行から融資などをしてもらう代わりの手段として「株式」や「債券」を発行する方法があります。私たちが投資をしたいと思ったら株式や債券を買うことになります。

株式会社という言葉は耳慣れた言葉ですが、そもそもどういうものなのでしょうか。簡単に言うと、「株式を発行することで資金を集め、そのお金で経営する会社」のことを指します。会社を経営していれば利益が生まれます。その利益の一部を配当として、株を買ってくれた人に払います。資金を出して株を持っている人を「株主」と言います。株主＝投資家のイメージが強いかもしれませんが、株主になるということは「会社の持ち主の一人」になることなのです。

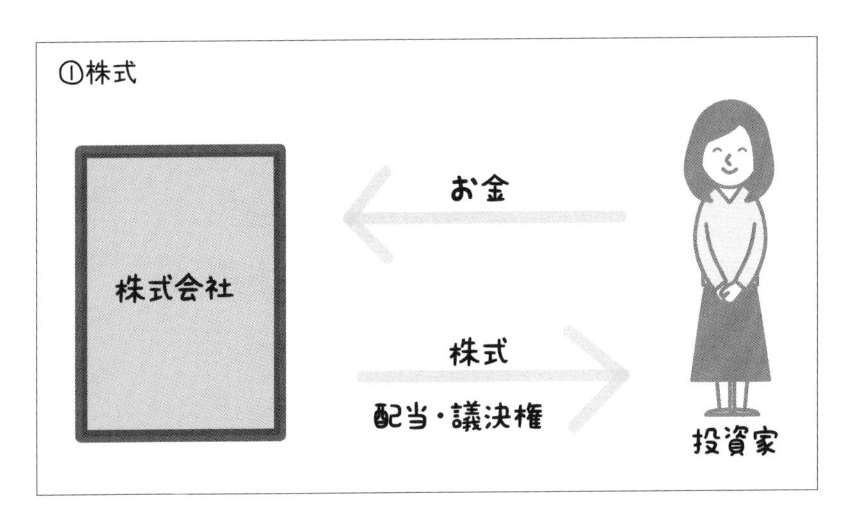

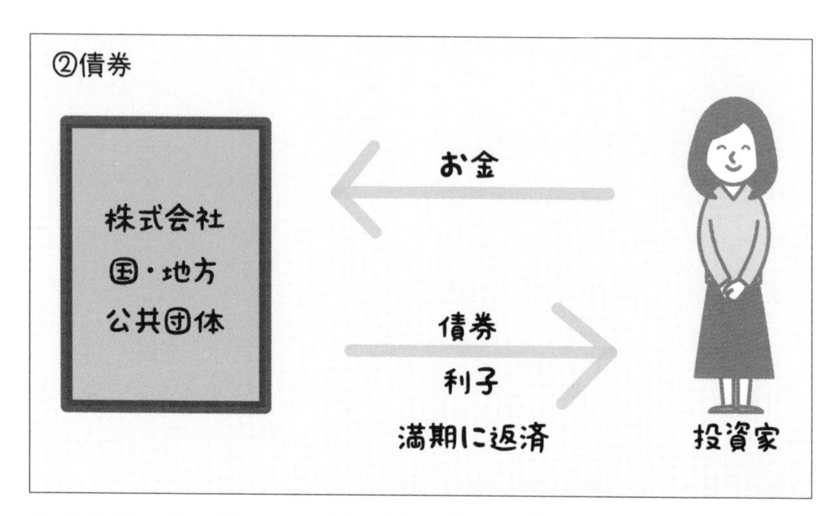

お金を出す代わりに、会社に対して様々な権利を持つことができるのです。配当金もそのひとつ、株主が集まって会社の方向性を決める「株主総会」にも参加し意見を言うこともできるわけです。極端な話、100%保有すればその会社を株主の意のままにすることも可能です。株によって集めたお金は返さなくていいのです。ではどうやって手放すかと言うと、欲しい他の投資家に売却します。その仲介をするのが「証券会社」になります。

一方、「債券」は借金です。満期がきたら返さないといけません。投資家は定期的に利子を受け取ります。満期前に株と同じように他の投資家に売ることもできます。

投資信託は投資家から集めたお金を一つの大きな資金としてまとめ、運用の専門家がその投資信託の運用方針に基づいて投資や運用する商品です。投資信託は当初１口１万円からスタートするため

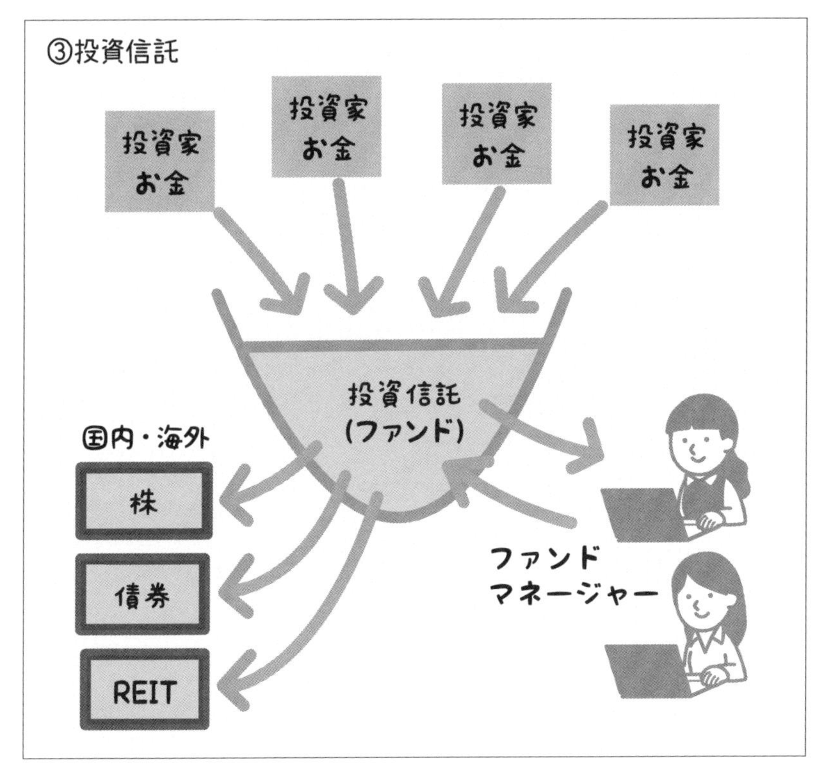

1万円程度から始められます。積み立てていくプランですと、1,000円や100円といった金額から購入できる場合もあります。投資信託は運用方針に基づいて株、債券、REIT（不動産投資信託）など値動きが違う様々な種類の資産に「分散して」投資するので各々のリスクを軽減できます。様々な種類のものに投資すると管理が大変ですが、投資信託はファンドマネージャーと言われる専門家が運用してくれるので比較的初心者でも始めやすいと思います。

（2）投資って必要なの？

なぜ投資は必要なのでしょうか。実は平成が始まる頃、今から30数年前、日本の定期預金の金利は約6％もありました。それが1995年に1%を割り込み、今金利をあてにして預金はできなくなりました。都市銀行やゆうちょなどの定期預金の金利は0.002%です。ここで「72の法則」というものを使います。「72÷金利」をすることでお金が2倍になるまでの期間がわかる数式です。つまり、6％の金利であれば、子供が生まれてから預けたお金は子供が小学校を卒業するころには2倍になっていたわけです。それが今、定期預金にお金を預けても倍になるのは、なんと36,000年もかかってしまうのです。

お金は働いた分だけ高い利益が期待できます。これを見ると、「もっとお金に働いてもらう必要があるのでは？」と思いませんか。実際、銀行にお金を預けると、銀行はそのお金を預かっているだけではなく、企業等に貸し出して、貸し出した先からも利息をもらって私たちの預金に利子を払っています。ですので、お金は眠っているわけではありません。社会で働いているわけです。ただ、「預かったお金はマイナスにならないように」働かせなければいけません。つまり、ケガをさせてはいけないわけです。となると働かせる先は限られてくるわけです。お金を「投資」で働かせようとすると、ケガをする可能性がある代わりに、大きなお土産＝利益を生み出して

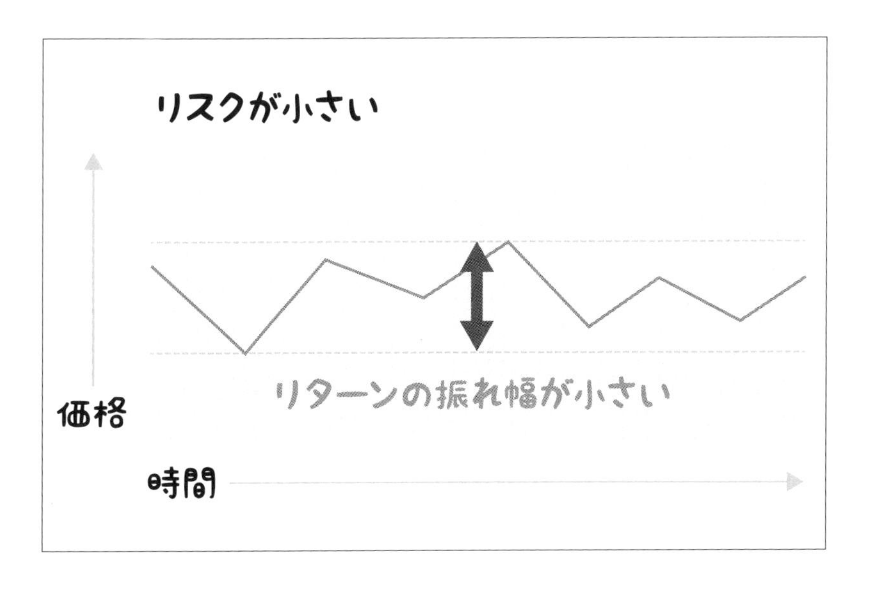
リスクが小さい
リターンの振れ幅が小さい
価格
時間

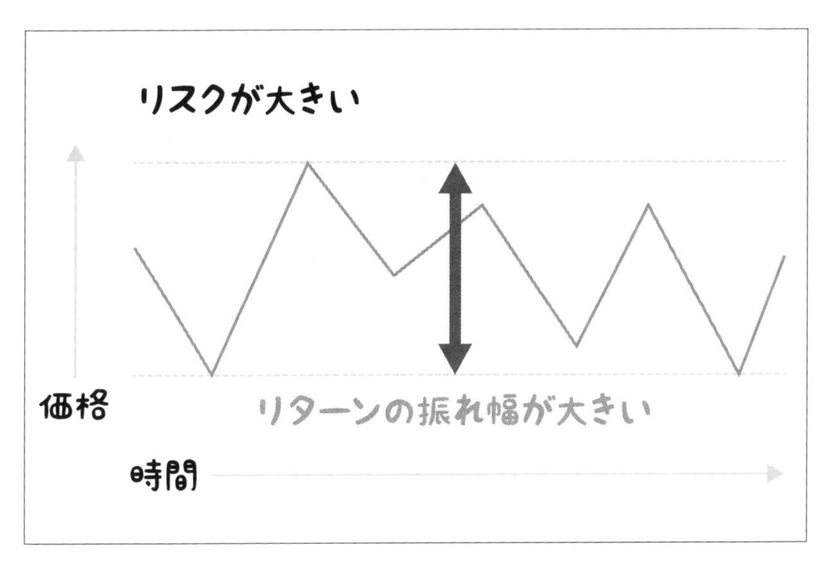
リスクが大きい
リターンの振れ幅が大きい
価格
時間

くれるかもしれない。これを、「リスク」と言います。リスクはマイナスのイメージに思われがちですが、リターンの振れ幅のことをリスクと言います。つまり、銀行にお金を預けることよりも、投資に回す方がリスクは高いわけです。リスクは「約束」に比例し上下

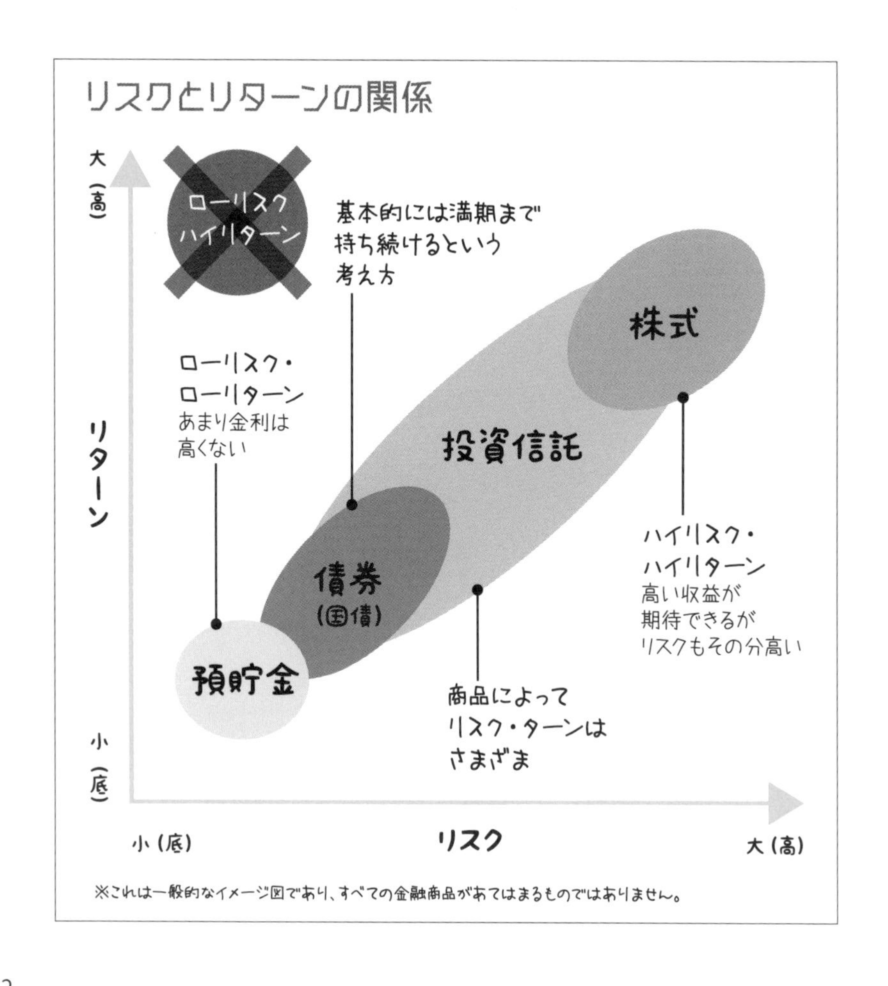

します。「預けたお金をもし銀行が潰れても一定額までは保証する、利子を支払う」という約束がある銀行預金はリスクが低いですし、貸したお金の満期が来たら返す、金利を約束している債券はリスクが少ないですが、発行しているところが潰れたら返ってこない可能性がある債券は銀行預金よりもリスクは高くなりがちです。

その点、株は約束がありません。

上がるか下がるかも不確実ですし、配当も出るか出ないか不確実でリスクは高いと言えます。とはいえ、厳しい基準をクリアし情報の開示も求められている企業が上場していますので、見極めれば大きなリターンも得られるわけです。

（3）投資って怖いもの？

そうはいっても、リスクと聞くと、「上がって利益が得られるかもしれない‼」とわくわくする気持ちよりも、「下がって損したらどうしよう。」の気持ちが勝ると思います。プロスペクト理論といって、簡単に言うと行動する時に、利益を得たい気持ちよりも損をしたくない気持ちを選択するというものです。

こちらの表をみてください。お金貯めているから問題ないと思っていませんか。

積立金額		10年	15年	20年	30年	40年
60,000円	0%	600,000円	900,000円	1,200,000円	1,800,000円	2,400,000円
	6%	766,353円	1,306,562円	1,988,865円	3,939,090円	7,050,202円
5,000円/月	利息	166,353円	406,562円	788,865円	2,139,090円	4,650,202円
120,000円	0%	1,200,000円	1,800,000円	2,400,000円	3,600,000円	4,800,000円
	6%	1,532,794円	2,613,279円	3,977,962円	7,878,641円	14,101,201円
10,000円/月	利息	322,794円	813,279円	1,577,962円	4,278,641円	9,301,201円
240,000円	0%	2,400,000円	3,600,000円	4,800,000円	7,200,000円	9,600,000円
	6%	3,065,636円	5,226,655円	7,956,088円	15,757,600円	28,202,978円
20,000円/月	利息	665,636円	1,626,655円	3,156,088円	8,557,600円	18,602,978円
360,000円	0%	3,600,000円	5,400,000円	7,200,000円	10,800,000円	14,400,000円
	6%	4,598,450円	7,839,992円	11,934,147円	23,636,416円	42,304,516円
30,000円/月	利息	998,450円	2,439,992円	4,734,147円	12,836,416円	27,904,516円
480,000円	0%	4,800,000円	7,200,000円	9,600,000円	14,400,000円	19,200,000円
	6%	6,131,292円	10,453,349円	15,912,244円	31,515,345円	56,406,216円
40,000円	利息	1,331,292円	3,233,349円	6,312,244円	17,115,345円	37,206,216円
600,000円	0%	6,000,000円	9,000,000円	12,000,000円	18,000,000円	24,000,000円
	6%	7,664,135円	13,066,725円	19,890,371円	39,394,294円	70,507,984円
50,000円/月	利息	1,664,135円	4,066,725円	7,890,371円	21,394,294円	46,507,984円

正確に言うと、6%と言う数字は定期預金であり、積み立ての利率ではないのですが、ここではあえて0%とさきほど出てきた6%でお金を積み立てた差をみていければと思います。

例えば、ここではわかりやすく、0%にしますが、何も考えず5,000円ずつ貯めていった場合40年経っても240万円にしかなりません。では話題になった2,000万円問題ですが、その金額の議論は一旦置いておいて、2,000万円を40年で貯めようと思ったら、0%の中では毎月42,000円貯めて2,016万です。

5万円貯めてやっと2,400万円貯まります。逆に運用が6%で回れば月々２万円でも 2,800 万円になるわけです。

そんな中で５万円も積み立てれば 7,000 万円ちかくになる計算です。確かにこれは理論上の話ですが、何もしないことがそもそも損をしているとは思いませんか？　だって同じ金額積み立てたとしてもこの差が出てしまうのです。

多くの方が、投資が怖いなと一番思うのは「下がった時」なのだと思っています。ただ､利益を出すには「安い時買って高い時に売る」ことです。ということは、「下がっている」は悪いことではなく、いいことでもあるのです。この価格の下落を味方につける方法はあります。

ここで価格について少しお話しておきます。

「価格」は簡単に言うと、人気で動くのです。人気があり、特に数量が少ないものは値が高くても欲しい人がいるので、どんどん価格が上がり、人気がなく数が余ってしまうものはどんどん価格が下がります。

数年前、子供が任天堂 Switch を欲しいと言い出し、買おうと思いネットを開いたら正規の価格よりも 1 万円も高くネットで売っていました。肉や魚、野菜なども価格もこのように決まります。

例えば、キャベツを例にとってお話してみます。

キャベツの価格にかかわらず、お好み焼きを食べる時にレタスというわけにはいかないし、とんかつの付け合わせはやっぱりキャベツだなと思えば買いますよね？

100円でキャベツがいくつ買えるかと言うと、価格が下がった＝悪いことではない、むしろチャンスだということがおわかりいただけるでしょうか。

ここで日本とアメリカの株価の代表的な指標である、日経平均株価とアメリカのダウ工業株30種平均（ダウ平均）をみてみましょう。

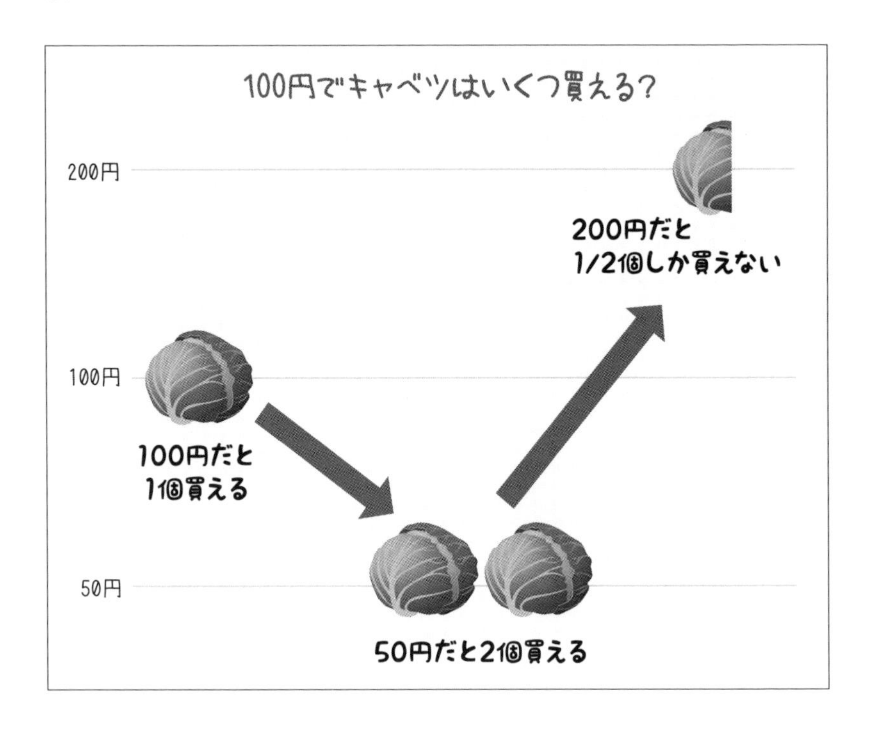

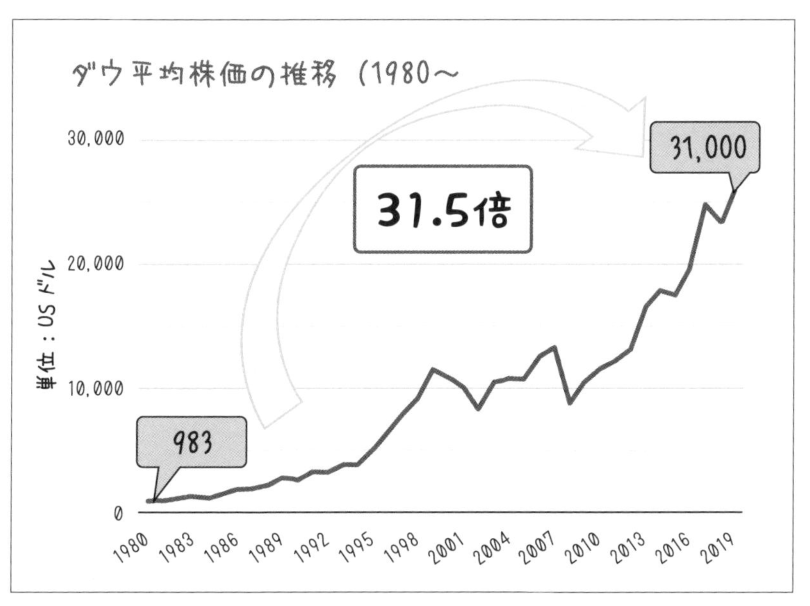
ダウ平均株価の推移（1980～
31.5倍
31,000
983
単位：USドル
30,000
20,000
10,000
0
1980
1983
1986
1989
1992
1995
1998
2001
2004
2007
2010
2013
2016
2019

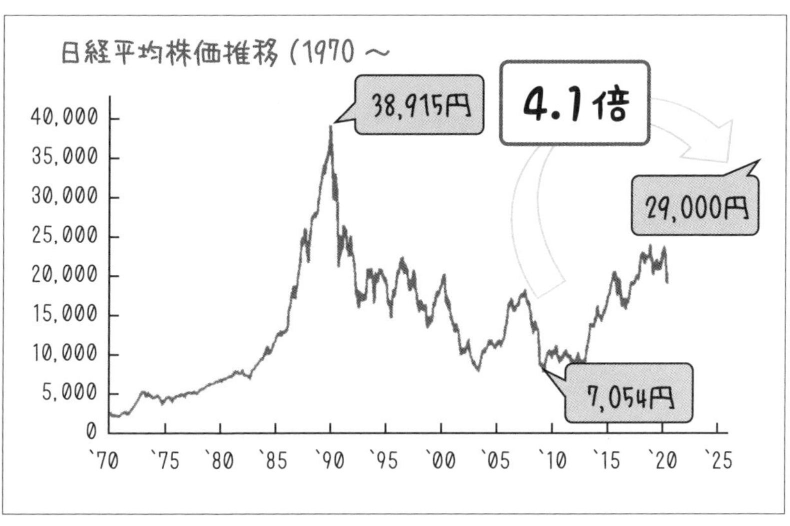
日経平均株価推移（1970～
38,915円
4.1倍
29,000円
7,054円
40,000
35,000
30,000
25,000
20,000
15,000
10,000
5,000
0
`70
`75
`80
`85
`90
`95
`00
`05
`10
`15
`20
`25

アメリカのダウは1980年に983ドルだったものが、2021年2月現在31,000ドルを超えてきています。つまり、でこぼこあったにしても買って持っていたら上がっていたわけです。

一方日本はと言うと、1989年の12月に38,915円を付けた日経平均はリーマンショック後に7,054円まで下落しています。ただ、そこでもし勇気をもって買っていたら現在29,000円を超えてきているので4.1倍、最高値でもっていたとしても75%ちかくまで戻している計算になります。

NYダウ工業株30種

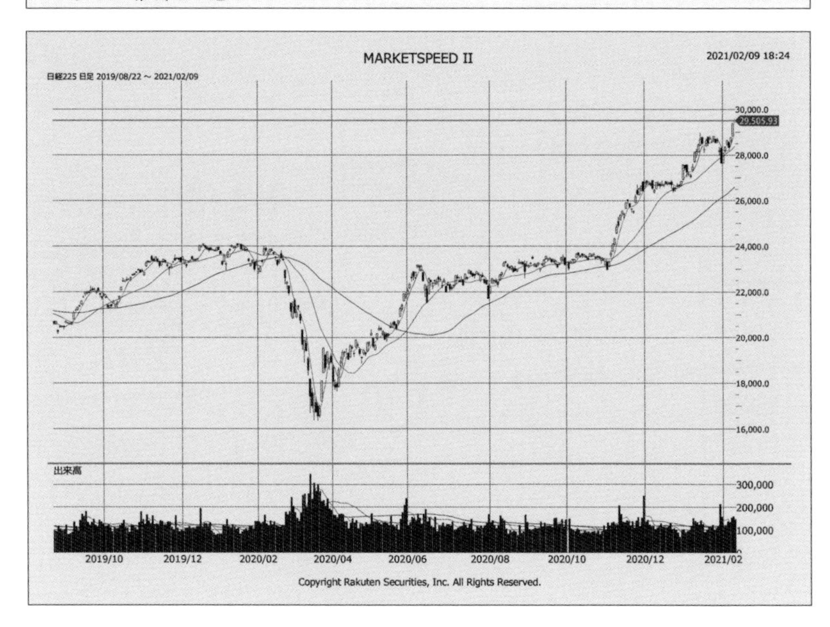

この話、確かに時代も違うし、今後上がり続ける保証もありません。時代も違えば人口も若い人年配の人の人口構成も違います。

ではもっと短いスパンで最近のコロナ禍での株価の推移をみてみましょう。28 ページの図がアメリカのダウ、29 ページの図が日本の日経平均です。

思えばアメリカの株価はリーマンショック以来最高値に近づいていました。

日経平均

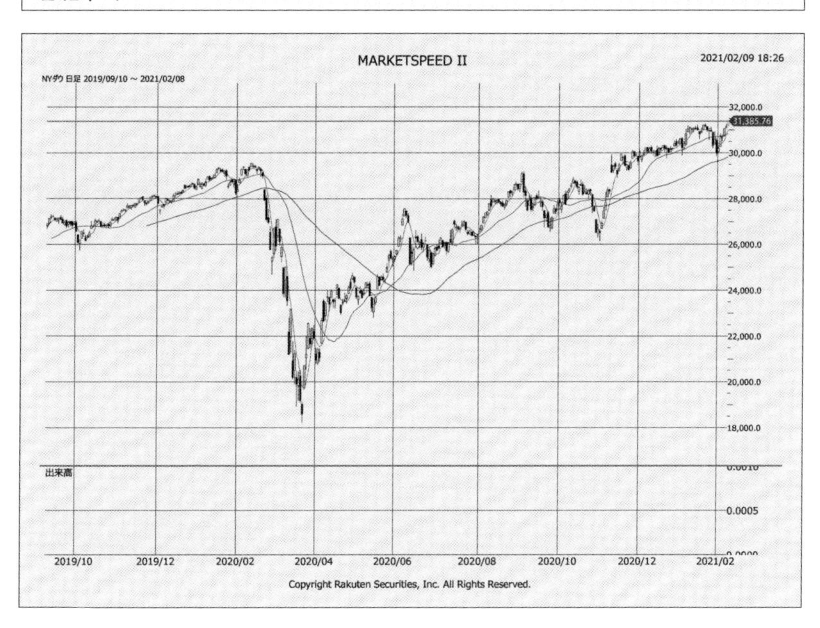

そこから1月21日に初のコロナウィルス患者が確認されたものの大きな影響を受けなかったのが、2月12日ダウ平均株価が市場最高値に達した後、世界各国の株価は2月末から急落しました。

コロナ禍でのダウの底は18,213ドルで31,000ドルを超えてきています。

一方日経平均は16,358円が底で現在29,000円を超えてきているのです。

経済学者の中では5年に一度はこのようなリセッション（一時的な景気の後退）が来るよと言われています。現に、数年に一回は調整が入ったりもするのです。

全体的に考えれば、「買わなくてよかった」よりも「買わなかったら利益がとれなかった」という結果になっていることです。だからと言ってなんでもかんでも買えばいいというわけではありません。それでは投機になってしまいます。

勉強したからといって、正しい情報をとったからといって結果に「絶対」はありません。ただし、投資を楽しみながら、下がっても不安にならない、もしくは由々しきときの、見切りのつけ方も勉強していければと思います。

Coffee break

① 攻撃は最大の防御、防御は最大の攻撃

投資をして積極的にお金に稼いでもらおうと思った時、まず考えるのは「リスク」ではないでしょうか。この投資先は上がるのか下がるのか、世界の情勢、日本の情勢はどうなのかと皆さん考えると思います。世界の情勢に目を向けるのも大切なのですが「個人に降りかかるリスク」が見えていない、もしくは見ないようにしている方も多いと思います。国や世界のリスクは誰かや何かを悪者にできるので話しやすいし考えやすいのです。国や世界のリスクを自分のせいだと考える人は国の要人でもない限り、おそらくいないと思います。ただ、個人のリスクは起こって欲しくないので考えたくないのですが、ここ対策をしていなければすべて自分に降りかかってきます。投資の情報の中には「とにかく回せるだけのお金を投資に回せ」と言った内容のものもありますが、私はそうは思いません。

お金には「攻めのお金」「守りのお金」が必要です。守りがしっかりしているからこそ、攻撃が活きます。

守りのお金とは？

① 現金を手元にある程度残しておく

②「保険」を活用する　です。

投資においても「不測の事態に備える」必要はあります。

守りのお金への意識も投資をする上では必須になります。なにも保険に入れというものではありません。保険が有効な場合もありますし、その他の方法で回避することができる場合もあります。

投資より前に現在のご自身の収支、お金の循環がどうなっているかを考えたことがある方は少なく、家計の現状を見て整理をした中でいくら投資に回せるのかを考えるようにしないと投資を続けるのは難しいこともでてきます。収入と支出のバランスによって今の生活が成り立っています。つまり、誰かが、もしくは、自分が稼いだお金を使って毎月のコストを支払っているわけです。それ「元気に働ける」が大前提ですよね？　保険を掛けていて損をしたという人は元気だったからです。ここは「生活を維持する」ための必要経費の一部と考えてもよいのかもしれません。

病気やケガで働けなくなった時、お金はどこから使いますか？まず、ご自身の収入は大きく減る、もしくはなくなりますよね。それで生活費はどうまかないますか。治療費は？まずは投資をやめざるをお得なくなりますね。「投資してたまっているから大丈夫だよ」投資して増やしたお金は、そんな不測のために使いたいお金でしょうか。考えた結果、その中でやっぱりいらないという結論に至ったならそれでいいのです。選択肢がある中でやらない選択をするのと、そもそも考えもしなかったので選べなかったでは全く違います。ぜひ攻めを考えるのと一緒に守りも考えてみましょう。

【2日目】

なぜ投資なのか。

【2日目】

なぜ投資なのか。

(1) 投資の前にまず、お金について考えましょう

投資は簡単です
お金のことは簡単です

とお話すると、専門用語も多いし、経済ニュースもしっかりみて理解できないといけないと思ってらっしゃる方が多いかもしれません。既に投資をされている皆さんが知識も情報も完璧に理解しているわけではありません。証券会社に勤務していても完全に網羅するなんてほぼ不可能だと思っています。

皆さんはなぜ「投資」を始めようと思ったのでしょうか。

「お金を銀行に預けていても増えない」と思ったから？
誰かに勧められて？

世の中では「2千万円問題」なんて言葉も出てきてなんだか周りをみたら「投資をしないといけない」と感じることもあったかもしれません。

投資を考える前に大切なことがあります。

「なんのために投資がしたいのですか？」ということ。もっというと、「なんのためにお金が必要なのですか」ということです。

お金というのは、モノやコトと交換するためのツールでしかありません。お金って銀行や証券会社の口座に入れておいたり、財布やタンスに入れておくだけでは、その辺の紙と変わりはありません。お金に対する信仰心が強く「お金がないのが不安」「お金を貯めておかないと不安だ」と思っている方はそれ自体に価値のないものの残高やお財布の中にお金が入っていることをみては、安心し、一生懸命信仰しています。お金さえあればなんとかなると思い込んでいます。多くの銀行や、証券会社、保険の担当者やFPに相談すると、専門用語を並べてすごく難しい話をされがちで、これは自分では無理だと思って大切な判断を丸投げしてしまう人も多くいらっしゃると感じています。

「お金＝難しい」

「お金＝汚い、卑しい」とまだまだ思われている方も多いのが現状です。

それが一方でお金を「信仰している」という矛盾。これではお金は投資をしたとしても増えません。なぜ投資をしたいのか、なぜお金が必要なのかそこは明確にスタートすることをお勧めします。

なぜならここは私が学生時代に陥った失敗でした。高校生時代に「投資」や「経済」に興味を持ちました。それから大学進学とともに、一人暮らしを始め、いざとなれば親に頼れるけれどある程度の自由が許される身分になりました。毎月、仕送りを受け、生活に必要なお金を払ったらあとは自由です。

お金をやりくりし、お金を貯めないといけないと思い始めました。

「お金を貯めないといけない」、「お金をふやさないといけない」からスタートしたため、お金に関する本や授業を聞いても「お金を貯める方法」「投資でお金を増やす方法」しか耳に入ってきません。お金と向き合う＝お金を貯めると誤認していたのです。

今改めて当時を振り返ってみると、「なぜお金を貯めたい、増やしたい」を明確にしなさいと言う教えがあったはずです。それを私はお金を貯める･増やす（＝手段）「手段を目的化」してしまったのです。
こうなるとお金を使えなくなってきます。せっかく貯まったお金は「増やす」ことが目的なので、減らすことは逆の行為だからです。

ダイエットをしたことがある方はわかると思いますが、痩せようと思った理由は「きれいになりたいから」だったと思います。ダイエットを始めて暫くすると、体重を減らすことが目的にすり替わってしまう方が多いように思います。

それと同じで、お金も、お金をどんなモノやコトに使いたいのかがない状態でお金だけ貯めたり増やそうとすると、本来のお金の価値を放棄する結果になりかねません。

私はこうして「投資をしましょう」というお話をしていますが、若いうちは自分の価値をあげるために自己投資することの方が大切だとも感じています。必要な時に必要なモノやコトにお金を使うことが何より大切だからです。また、お金をモノやコトに変えると、「経済」が回り始めます。例えばお昼ご飯にお弁当を買ったら、微々たるお金でもそのお弁当を作った人や会社にそのお弁当で使われてる材料を作っている人や会社に、お金が循環していきます。

この循環こそ経済にとって大切な要素になります。

お金はモノやコトに使ってこそ価値があり、経済の中に「循環させる」ことが大切です。この考えは今後「投資」を行うにおいても必要な考えになってきます。この小さな経済活動のひとつひとつが企業の利益になり、そこで働く人の収入に繋がり、経済は循環していくのです。

投資を始める前にお金の意味は抑えておいてほしい大切なポイントです。そして、投資を始めたとしても都度都度、必ずここに帰ってきてほしいと思います。

投資を扱う仕事をしていると思うのですが、目に見えるち値上がりや値下がりに一喜一憂する人がとても多いのです。正直利益や損失は確定するまでは「損失」でも「利益」でもありません。

お金は「目的」を達成するための手段でしかありません。だからこそ大切なのは「何のために投資をするか」です。

目的や夢は人それぞれですし、それに対する目標金額も期間も違うはずです。そうなってくると投資方針もそれぞれ違ってきて当然です。

まずは一冊投資用のノートを用意してください。エクセルやワードでも構いませんが目につくものが良いと思います。

ノートに、お金を使ってしたいことをたくさん書いてみてください。そのひとつずつに「目標金額」と「期間」を書いてみてしたいことをどんどん叶えてしまってください。
中にはすぐできないとか、たくさんのお金が必要だからお金を貯めたり増やしたいと思って初めてお金を増やす手段として投資を選びます。

そこで利用するのがなぜ投資かといえば、正直他に収入源があれば投資を使う必要はないかもしれません。

(2) キャッシュポイントという考え方

キャッシュポイントとは「収益を生む機会」のことをいいます。私は常日頃から、キャッシュポイントを持ってください。それも複数もってくださいとお話しています。

私には子供が二人います。一人は中学1年生、もう一人は小学校5年生のどちらも男の子です。

二人目が小学生になるか否かの頃、子供と将来の夢の話をしました。そうすると次男は「パン屋さん」とか「社長」とか色々と出てくるのですが、長男は黙っています。長男はネットで動画を探してきては料理、特にお菓子を作ってしまう子でした。

私はお菓子など作らないので勝手に形にしてしまうことをわが子ながらすごいなと思っていたので、彼に言いました。「パティシエはどう？」とすると長男は「稼げないからいやだ」と言ったのです。これは私は衝撃的な出来事でした。お菓子作りは趣味なのでという回答であれば私もすんなり納得できたと思います。それが、「稼げないから」これを小学校3、4年の子がするって…

私は子供が生まれる前から、子供に投資教育をしようと思ってきました。試行錯誤しましたが、毎年夏と、年末の大納会に東京証券取引所に行くとか、アメリカの起業家の漫画（これについてはあとでご紹介しますね）の漫画を読み聞かせするとか、算数を教える時に株について話す程度くらいのことで、これは「興味をもってほしい」レベルのものでした。

長男の「稼げないから」その職業を選択しないという発言で「子供たちに夢を諦めさせないためにキャッシュポイントを持つ方法を教えよう」にシフトチェンジされました。私にとってこどもたちにする「投資教育」はそのひとつという位置づけです。子供のうちからお金に執着しろということではありません。寧ろ逆です。「お金から解放したい」のです。

当初子供に対して思っていたことは周りの大人たちを見ても思いました。SNS をみていても思うのは「会社や上司に対する不満」そんなに嫌なら辞めたらいいのに…　とフリーランスの私は安易に思ってしまうのですが、結局それができないというのは言い訳の場合もありますし、様々理由はあるにせよ「お金」の問題ではないかと思うのです。そんな時、自分の生業以外に収入源があったら？　選択肢は増えると思いませんか。キャッシュポイントを増やす、そのひとつが投資だと思っています。投資は副業にもあたりませんし、年齢を問わず口座を持てます。どんな人にもチャンスはあるわけです。

また、今は NISA やつみたて NISA という、税制メリットを味方にすることもできます。この言葉、耳にはされたことある方がほと

NISA

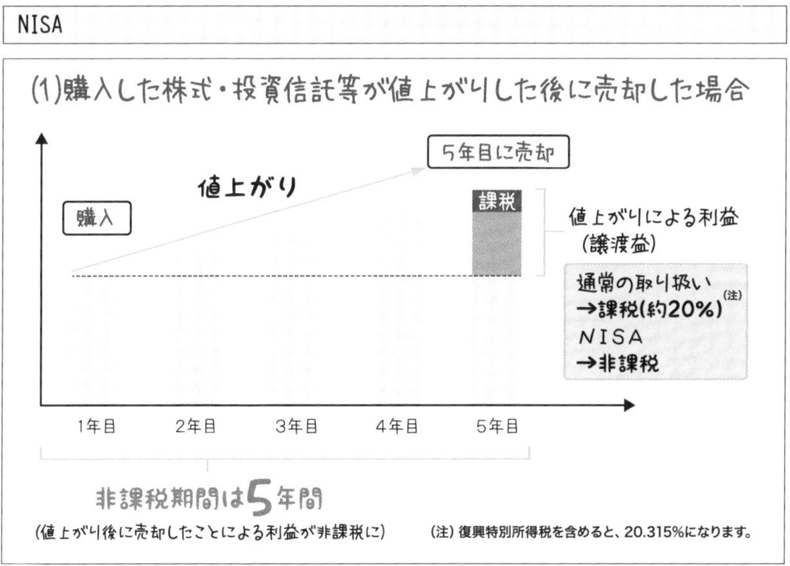
(1)購入した株式・投資信託等が値上がりした後に売却した場合
5年目に売却
値上がり
購入
課税
値上がりによる利益
(譲渡益)
通常の取り扱い
→課税(約20%)(注)
NISA
→非課税
1年目
2年目
3年目
4年目
5年目
非課税期間は5年間
(値上がり後に売却したことによる利益が非課税に)
(注) 復興特別所得税を含めると、20.315%になります。

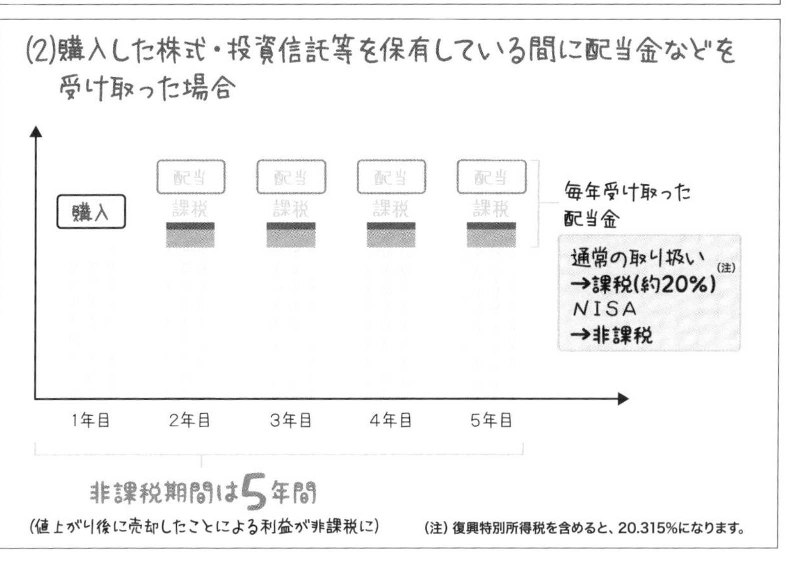
(2)購入した株式・投資信託等を保有している間に配当金などを受け取った場合
配当
配当
配当
配当
購入
課税
課税
課税
課税
毎年受け取った
配当金
通常の取り扱い
→課税(約20%)(注)
NISA
→非課税
1年目
2年目
3年目
4年目
5年目
非課税期間は5年間
(値上がり後に売却したことによる利益が非課税に)
(注) 復興特別所得税を含めると、20.315%になります。

んどだと思います。これらは国が投資を促進するための制度であり、簡単にいうと、一人ひとりに与えられた「権利」です。これはまた使わない人と使う人で差が出てしまう制度です。

せっかく国が「投資をやってみて」と背中を押してくれているのだから使わない手はありません。

（３）NISA・つみたてNISAってなに？

「利益がでると税金がかかる」これは何をおいてもかかると思っていただいた方がいいと思います。都市銀行の普通預金の金利0.001％さえ税金がかかっていることをご存知でしょうか。

復興税を含めると20.315％が税金として引かれています。

源泉徴収といってあらかじめ利益から引かれて手元にくる仕組みになっています。つまり銀行の普通預金に100万円を預けていて一年間に受け取れる利息は10円ですが受け取れるのは8円となります。

証券取引においても、得た利益の20.315％を税金として納めなければなりません。これが基本です。

年間の利益が100万円であれば203,150円は税金がかかります。

NISAやつみたてNISAは条件内であれば、そのかかるはずの税金がかからないというものです。

現状ですとNISAは年間120万円(ジュニアNISAは年間80万円)つみたてNISAは年間40万円の「投資額」まではそれぞれ定められた期間内であればいくら増えてもいくら配当や分配金をもらっても非課税になります。

この「枠」は国民一人毎に与えられた権利なのでひとつの金融機関でNISAかつみたてNISAどちらかの口座しかもつことはできません。この権利を上手に使うことをまずはお勧めします。

つみたてNISA

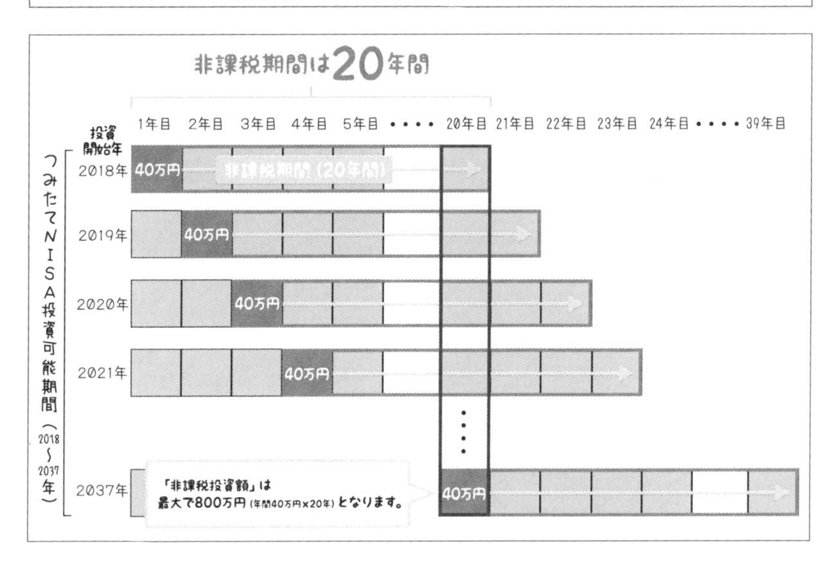

Coffee break

② アイデアをお金にする

今世紀最も成功したと言われるアメリカの投資家、ウォーレン・バフェットのおいたちや、私が、学生時代にその後の投資人生を変えた本である「イヌが教えるお金持ちになる知恵」と言う本で唯一腑に落ちなかったのは「子供がものを仕入れてきて道端などで販売する」と言う手法です。これに関しては、日本人だからなのか、時代が違うからなのか、現実的ではないと思ってきました。

今売っているモノは、仕入れてそこに上乗せされて販売し、その差額が利益、確かにそうなのですが、これを自分の子供にさせようとは思わないし、皆さんにお勧めしようとも思っていません。

どうしたら利益が出るのか、お金が発生するのか、どうしたら手元のお金は増えるのかについてはもちろん考えるべきだと思います。

本業以外のキャッシュポイントをもつことについてはこの章でも触れましたが、投資以外に年齢や職業問わずに作れるキャッシュポイントがあります。

投資を子供たちに教え始めたころ、弁理士である、大谷元先生に出会いました。弁理士というのは「特許」や「商標」などを取る時に必要な職業です。

私が子供に投資を教えたいと話したところ、その思いに賛同くださり私に特許や商標のお話をしてくださいました。「アイデアがお金になる」のです。

子供にはアイデアを形にする力はないかもしれません。でもそのアイデアや発想は権利を持てばお金を生み出すことができるかもしれないのです。大人の常識がこういった発想を邪魔して世の中に生み出すことができない場合もあるのです。

子供ならではの視点が世の中を変えることもあります。私は学校教育によってここまでになれたと感謝もしており、学校教育も使い方次第だと思っているので批判はありませんが、どうしても集団行動の中で独特の感性や発想は嫌われがちで、押し殺して大人になっていきます。

子供のころ、私自身はとても変わっていると自負していましたし、皆と同じがとにかく嫌いで、好奇心や感情のまま生きていたので、他の子供たちとうまくいかないとか、周りの大人に違うことを心配されたりもしました。ただ、私の両親は私の良い面を伸ばし、サポートしてくれました。

やりたいことはすべてやらせてもらったし、話もよく聞いてくれたと思います。

そしてそこから何十年後かの今、特許を生み出す力はありませんが、好きなことを仕事にして、アイデアをどんどん実行し、好きなことで自分の人生を生きることができています。

最近の「子どもの自殺過去最多」という痛ましいニュースが報道されました。

学校だけの限られた世界しか知らない子供たちにとっては、可能性の芽を摘むだけではなく、逃げたい時に逃げ場を知らないばかりに命まで奪う危険もでてきてしまうのではと危惧しています。そう思うと、世界や世間を知るということは子供を自由にします。

それぞれの子供の個能を伸ばし、補完できるのは家庭になります。子供のそんな純粋な発想やアイデアを常識というフィルターを挟まずにみてあげて欲しいなと思います。それが、子供の将来を助けるキャッシュポイントにもなるのなら最高ですね。

【3日目】
投資に必要な知識とは？

【3日目】

投資に必要な知識とは？

（1）投資を意識するには？

投資＝株と思い浮かぶ方も多いとは思いますが、1日目にもお話したように証券会社を通じてする投資では株、債券、投信と種類があり、それぞれに膨大な数があります。

投資を始めたいけれど、何から始めていいかわからないというお声はよく聞きます。まずは「投資の感覚を身に着ける」ことが私は大事だと思っています。

私はまずお勧めするのは「スピードラーニング」です。とは言え、英語ではありません。

テレビ東京の5時45分からのモーニングサテライト、早起きが苦手な方は22時からのワールドビジネスサテライトを文字通り、「聞き流し」てください。まずはそれだけでいいです。
この本を手にとってくださり、よし、これを勉強して投資をしようと意気込んでいる皆さんを肩透かししてしまうようなことですが、まずはこれ、ひと月続けてください。

そうすると最初は聞きなれなかった言葉がたくさん入ってきます。
そのうちに、毎日同じ言葉が入ってきます。
世界の市場はどこかで開いています。

例えば日本の株式市場は9時に開いて11時半までが前場、12時半から15時までが後場となります。

10時半には中国の市場がひらき、日本が終わったあとに、欧州の市場がひらきます。

私たちがそろそろ寝ようかなと思う11時半（夏場は10時半）からアメリカの市場が開きます。

私たちが朝起きるころ、アメリカの市場は終わります。

モーニングサテライトを見てまず入ってくるのは、世界で一番大きな市場であるアメリカのマーケット（市場）のニュースです。
ダウはいくら、ナスダックはいくら、為替はいくらなんて言葉が入ってきます。

アメリカの様子はどうだったのか、たいして動かなかったのか大幅に上がったのか下がったのか、ハイテク株が多く上場するナスダックはどうだったのか、為替も大切な要素になります。

基本的には円安は日本株にとってプラス、円高は日本株にとってマイナスになります。

私は高校時代に、父から CME の日経先物をみてその日のマーケットを考えろと教わりました。これが 100 パーセントではないですが、この指標がこう動いた、こんなニュースがはいってきたらその日の日本はどう動くかを見ればまずは OK だと思っています。

朝時間が取れない方が投資に触れるには radiko でラジオ日経を好きな時間に聞くのをお勧めます。現に、子供を産んで時間に追われるようになったころはラジオ日経の「こちカブ」が大事な情報源でした(現在は「おはようマーケット」という番組です)。

前日の世界のマーケット、今日の東京市場の予想などたった 20 分にコンパクトにまとまっていて、概略を聞くにはもってこいです。

朝 8 時から 8 時半は子供を送りだす大事な時間ですが我が家ではラジオ日経が流れています。

聞き流しているうちに気になるワードがでてきたら便利な機能が「追っかけ再生機能」があるのでさかのぼって聴くこともできます。

私は仕事中 BGM のように聴いています。

気になったことは停止して調べます。

こうしているうちに意識が高まります。

文章で読みたい場合は**国内（トップ）：日本株ートレーダーズ・ウェブ（株式情報、FX 情報）（traders.co.jp）**をおすすめします。

毎朝７時半すぎにはその日の市場の予想が掲載されますが、一日が終わって今日はどんなだったかを見るのでも構わないと思います。

15 時になると日本の市場は終わります。

一日の終わりに日経平均がいくらだったのか、最初はそこを意識するくらいでいいと思います。

今日経平均がいくらなのか、今日は上がったのか下がったのか。

可能であれば 22 時からのテレビ東京の「ワールドビジネスサテライト」を見てその日の相場を振り返る、アメリカの市場の様子を知る（夏時間は 22 時半から、冬時間は 23 時半からアメリカの市場は開きます）

そこまでできれば意識づけは完璧かと思いますが、生活の中に無意識になるまでこの要素を入れようと思うと当初はかなり強い精神力とストレスがかかると思います。

正直、知らない言葉が流れている状況は最初ストレスになりかねません。お伝えした中から取り組みやすいものをまず試して自分が取り組みやすいものを取り入れてください。そのうちに興味が増えてきたらその割合を増やせばよいと思いますし、少し難しいならそのままで構いませんし、本当に無理だなと持ったら私のような仕事の人間に依頼するのも手だと思います。

タダでできることは確かに取り組みやすいのですが、いつまでたっても興味が持てないこともあると思います。

正直、子供にこの方法を試しても、言葉は難しいし、解説する余裕はないし、最初のうち私も効果が出ないことに焦りました。

そこで夏休みと、年末の最終日の取引、大納会のイベントに子供たちを連れていくことにしました。

大人でもそうですが、コストをかけていないため身が入らないということがあります。

無料のもので取組めればベストですが、そうでない場合は、お金なり、時間なりを使ってみるのも手だと思います。

（2）東京証券取引所を見学する

そのひとつにお勧めしているのが､｢東京証券取引所｣の見学です。

東京証券取引所は日本では最大、かつ、世界でもアメリカのニューヨーク証券取引所に次ぐ、世界第二位の証券取引所です。どこにあるかというと、日本の金融街である、兜町にあります。日本橋のすぐ近くにあります。最寄り駅は日本橋や茅場町が近いですが、東京駅からも徒歩15分くらいで行けますので、日本橋をお散歩しながら歩いてみてもいいかもしれません。

茅場町、兜町界隈は証券会社が多数立ち並んでいます。

今はコロナの影響で見学を一時ストップしていますが、通常は見学することも可能なのです。コロナが流行する前に私は自分の子供も含めて見学会と、株式会社Good Moneygerさんの「リスクンテイクン」という投資がわかる、ボードゲームをするというイベントを開催していました。

東京証券取引所に入るとまず、空港のような荷物検査があります。

東証では証券取引の歴史を掲載しています。

日本の株式の発祥は大阪淀屋橋の米市場だと言われていますが、その様子が見れたり、今はもう電子化してしまい、実物はありませんが、当時の株券などもみることができます。

エスカレーターをあがるといよいよ皆さんがニュースなどで目にした光景がひろがってくると思います。

２階には株取引のゲームがあり、体験もできます。

お子さんがいる方はゲーム感覚で株取引ができます。ただそれは今の時代、それに似たものはアプリやゲームでもありますよね？

ではなぜわざわざ東証にいくのかといえば「自分が興味を持てるもの探し」ができるからです。やはりインパクトが大きいのは株式のニュースで流れてくる「チッカー」と呼ばれる円型の電光掲示板です。

私は東証の象徴でもある、あの「チッカー」を実際に目にした時には職業病でしょうか、感動しました。

チッカーは取引が多いと回転が速く回りその頻度に応じて８段階の速度があります。お昼休みなどにあたる時間に行くと眠くなるほどゆっくり回っていますが、取引が多い時間は目で追うのが大変なほど速く回っています。

16分割された画面には株価指数や株価が並び、刻々と変化しています。私はずっとこの株価ボードが好きで、数字が移り替わっていく様をみていると経済の躍動を感じられる気がしています。

日本や中国、韓国などは株価が上昇していると「赤」で表し、下降した時は「緑や青」で示します。これが海外に行くと逆になります。

これは「赤字」という言葉はマイナスを示しますがそもそも海外から来た言葉ということからわかるように、海外では赤＝マイナスのイメージからきていると言われています。日本や中国は国旗にも赤が使われているように、赤にプラスのイメージをもっているからとも言われています。

東証では何万分の１の取引を抜き打ちチェックしています。

東証ではAIを使って異常な注文を抽出していますが、人間の経験なども活かし人の手によるダブルチェックもしています。

年間およそ3,000件の異常な注文をみつけています。

市場では「同じ情報をもって取引するのがルール」です。公開されていない段階で得た情報を使って取引することを「インサイダー取引」と言いますが、それを使って取引をすることは証券市場では禁止されています。自分は見つからないだろうと思って行った取引でも売買審査部などではこんなことまで調べるのかというレベルまで調べています。

市場の公平性を保つのが証券取引所の役割でもあるのです。

チッカーの奥には鐘が置いてあるのですが、昔はこの鐘を鳴らして商いの時間を知らせていました。今では五穀豊穣を願う鐘として、年末年始の大納会、大発会に鳴らします。年末年始の大納会、大発会の様子はネットでも見ることができます。また、新しく上場する時に打鐘します。株式市場への関わり方は何も投資家になるだけではありません。ご自身が作った会社を上場させることもできるわけです。

証券市場というのは昔からゲンを担いでいます。

東京証券取引所の入り口は真東でなく東南を向いています。これは風水によるものです。

また、証券知識普及プロジェクトのマスコットは「とうしくん」トいう牛のマスコットなのですが、「牛」中でも牡牛の「ブル」は証券の世界では縁起の良い生き物とされています。

アメリカの金融街であるウォール街には５メートルの牡牛の銅像があります。これは牡牛の角が下から突き上げる様が、株価の上昇のように見えるからと言われています。

では弱気を示す動物は何でしょうか。

正解は「熊＝ベア」です。これは熊が手を振り下ろす様が株価の下落を連想させるからとされています。

東京証券取引所では年の初めの１月４日（土日の場合は翌営業日）を大発会、年末最後 12 月 30 日の取引日（土日の場合は前営業日）

を大納会と言ってセレモニーを開くのですが、そのセレモニーにさきほどお話した東証の鐘を打鐘するという恒例行事があります。

その鐘を鳴らすのは通常ですと、その年活躍された方など、著名人が選ばれるのですが、2016年の大納会は2016年4月に起きた熊本大震災の復興と応援に熊本のご当地キャラクターである、くまもんが選出されました。ただ、熊は東証にとってはタブーなわけで、

本当に呼んでいいのか役員会議をした程だったそうです。

東証に実際に行く前にこれを読んでおいても、帰ってきて「そういうことね」と呼んでもらっても構いません。

東証に行ったからと言って投資に興味が持てるのでしょうかと聞かれますが、東証の見学に行く目的のひとつは「労力を使ってみる」こと、そしてもう一つは「投資の世界を体感すること」と思っています。

冒頭にもお話したように、「感覚を身に着ける」ことが投資の世界では大切だと私は思っています。

皆、体感したことがない「感覚」、未知の世界に足を踏み入れる時、頭で考えるよりも体で体感してしまった方が早いのです。

(3) 投資の感覚を身に着けるゲーム

感覚こそ大事だと思いつつもこの「投資の感覚」をお伝えするのは難しく、実際体感してみないとわからないというのが本音です。でも投資はやっぱり怖くて… と思って堂々巡りになってしまいます。

私がこどもたちと取り組んでいるゲームがあります。投資の感覚を身に着けるゲームをご紹介します。

紙とペンだけでできますので是非取り組んでみてください。「風が吹けば桶屋が儲かるゲーム」です。

これは、風が吹けば桶屋が儲かる＝意外なところに影響がでるということわざなのですが、内容はこうです。
『風が吹くと土埃がたって目に入り、目が見えない人が増える、目が見えない人は三味線で生計をたてようとするから三味線の材料になる猫の皮の需要が増える、猫が減るとネズミが増えて桶をかじるから桶屋がもうかる』という話なのですが、これを応用していきます。

コロナが流行してまずは薬関係の会社の株価が動きました。

そのあと動いたのはマスクや消毒液を作る会社、遠隔診療や、ゲームやオンライン教育などの会社が動いてきたのです。

新しい病気の流行≠とオンライン教育の流行となると思いますが、株も先行してこのように動いていきます。

例えばコロナが流行したら？
このコロナの流行が収束したら？　をお題にゲームに取り組んでいって、それをやっている会社はどこだろう？　もしくはそれをやっている会社がなければビジネスチャンスにもなります。

何もどこかの会社に投資することだけが投資ではないわけです。なければ作ってしまってもいいわけですよね？

この「風が吹けば桶屋が儲かるゲーム」はFPmama Friendsさんで動画にしていただいたのでぜひご参考にご覧ください。

（https://youtu.be/rS8dgPD3baQ）

投資を体感するのにお勧めするのはゲームです。

私もアプリで色々試したりもしましたが、一番「投資をする時の気持ち」に近かったのが、株式会社Good Moneygerさんの「リスクンテイクン」です。

こちらはボードゲームなのですが、最初このゲームをした時、「このゲームの感覚は投資の感覚に一番近い」と思いました。どこがと言われると、アプリなどのゲームはゲームとして作られている以上、「ゲーム的にどうすれば勝てるか」の発想になってしまうため、本来の投資の感覚とは乖離があるのです。

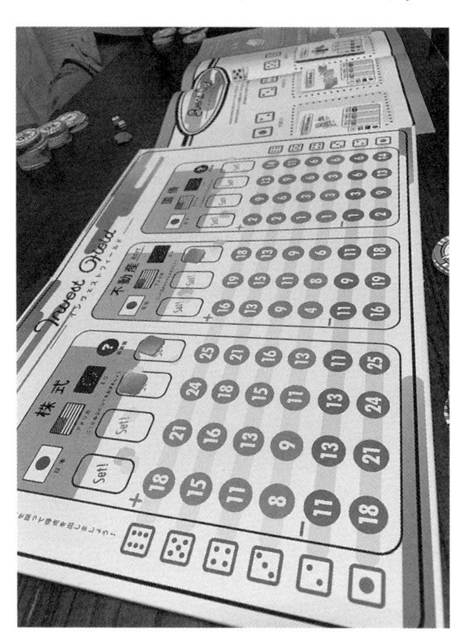

ただこちらのボードゲームは、世界情勢や株や債券、

不動産などある程度の知識と仕組みの理解が体感で学べるのと同時に、それらの知識がいくらあっても損失を被ってしまう感覚、決断を迫られる感覚が本来の投資に近いと感じました。

実際大の大人が理解するより、我が家では当時小学４年生と２年生の息子にこのゲームを始めさせたのですが「感覚的に」投資を理解していきました。これを始めてから、ニュースや株への興味関心がさらに大きくなったのです。ご興味ある方はぜひ取り組んでみてください。またこれは少し宣伝になってしまいますが体験したい方はぜひご連絡ください。

（４）何歳から投資は可能なのか？

０歳から証券口座をもつことは可能な証券会社が多いと思います。

ただ、会社によっては親も口座を作らなければならなかったり、未成年の口座の取り扱いについては各社でルールが少しずつ異なったりもします。

楽天証券を例にとりますと、未成年口座の開設には親権者の口座開設が必要です。

親権者の口座設定や親権者の登録は必要になりますが、15歳を過ぎると本人の意思で口座を動かすことも可能です。

実務的にはそのような取り扱いになりますが、投資教育として、何歳くらいから可能かと言われると、私が物心ついてから自分の子供に投資を教え、他のお子さんたちに投資を教えてきて思うのは、最低でも掛け算、割り算ができること、そして平均などを学び終えた、５年生から６年生頃が少しずつ理解できる年だと思っています。

現に投資を教えていく中で、掛け算、割り算に時間がかかっていたとか、小数点や平均が理解できなかったお子さんが理解できるようになった例もあります。これは学校教育を実世界に落とし込むことで興味が沸いて理解できたのだと思っています。

また、歴史について学ぶと発祥から、本質が理解できる点も歴史を学ぶ意味がわかり、歴史に興味が持てるようになったという話もあります。

投資というと、社会科の中の政治経済に興味が持てるだけではなく、算数や数学、社会の中でも歴史に興味を持てたりするわけで、その効能は無限にあると思っています。

Coffee break

③ おこづかいの設定方法

ご相談者さんからご質問で多いのは「お小遣い」のお話です。

お子さんの年齢×〇円やお子さんの学年×〇円などされていらっしゃる方が多いようですね。

お子さんが理屈でモノが考えられるようになった時にお勧めするのが、「お住まいの県の最低賃金」で払う方法です。例えば東京都なら 1,041 円、神奈川県なら 1,040 円を働いた時間で支払います。

> 地域別最低賃金全国一覧
> https://www.mhlw.go.jp/stf/seisakunitsuite/bunya/koyou_roudou/roudoukijun/minimumichiran/

例えばお風呂掃除５分を東京でしたとしたら、1,041 円÷６０分×５分で 87 円です。子供は大人が思うより賢いので時間をかけて仕事をするようになることもあります。そんな時は、指摘をして、時給がいいのか、成功報酬がいいのかを子供に選ばせます。

なぜ、この方式にするかというと、「最低賃金を意識する」ことは世の中を意識する一歩になって欲しいという思いからです。私は時間が何より大切なものと教えています。「時間と労力を提供する」対価としてお金をいただくことを教えたいなと思っています。

そのうち、仕事のクオリティが上がれば、その対価としてお金がいただけるようになる成果報酬になります。
成果に応じて報酬をいただけると、能力と効率を上げれば、大切な「時間」を有効に使えるようになります。

ひと月いくらでお金を渡すことを子供に説明しにくいなと思ってきました。なぜ子供にお金を渡すことが必要なのか。年齢でいくらはなぜ渡すのか、私はこのあたりが全くわかりませんでした。

親からお小遣いは毎月もらえていましたが、お金がなぜもらえるのかの理由はわかりませんでした。先日、こども投資教育を手伝ってくれる仲間と話していたところ、彼女は自営業でクリーニング屋さんをしているお家の子だったのですが領収書の冊子にハンコ押して１冊いくらでお小遣いをもらっていたそうです。そうすると、仕事の効率を子供なりに考えます。子供のうちから、受動ではなく能動で考えることを子供のうちから身に着けること、そして世の中を覗くこともできるのでお勧めです。

投資はまさに、成果報酬です。
確実なものはありませんし、時間をかけたからと言って成果が得られるものではありません。
投資脳をつくるには「成果報酬」の考え方を子供のうちから取り入れるのもお勧めです。

【4日目】

投資先の見つけ方

【4日目】
投資先の見つけ方

（1）投資に対するメンタルブロックを外す

この本を手にとってくださっている方の多くは「投資に興味はあるけれど、投資に一歩踏み出せない」だと思います。それは「損をしたくない」気持ちが働くからです。

投資の「損」の実態がわからないこと、
これからいよいよ実践的なお話をしていきます。

「投資先のお勧めは？」と聞かれると、証券会社にいたころは、売らなければならない商品をお勧めしていました。
売らなければ…　というのは少し乱暴な言い方なのですが、ことに投資信託などは、その時代、これからの時代を踏まえて推奨商品を決め、新商品を出してくるのである意味、証券会社からの方が「旬」の商品を手に入れやすいのかもしれません。

私がそう聞かれたら「お客様次第ですね」とお答えします。
なぜかと言うと、人それぞれに目的も目標も期間も趣向も違うからです。

投資先の選定はここまでお話してきた「感性」や「感覚」をフルに使ってほしいと思っています。経済の動きも大切ですし、世界情勢も必要です。ただ、今私が今の相場のお話をしても、この本が出版される頃には変わってしまっているくらい、日本も世界も情勢は刻々と変化しています。

感性や感覚ってそんなもので投資先を選んでいいの？　長く続けるにはこれがポイントになってくると思います。

いくらいいと言われていても好きでないものは普段でも持たないですよね？

３日目に色々と「投資の感性を鍛える」方法をお伝えしました。ここからは実践です。

わかりやすいところでいくと、日本には東京証券取引所に上場している会社が3,800社もあります。それだけでも名前の知っている会社の多くが上場しているわけです。

乗っている車は？　トヨタは日本で一番大きな会社といってもいいでしょう。もちろん上場しています。

着ている服はユニクロならば、ユニクロは「ファーストリテーリング」と言う会社です。

自分がやっているゲームは？　switchは「任天堂」のゲーム機ですし、食べているごはんは？　炊飯器は？　洗濯機は？　パソコンは？　なんて考えていくと自分の身近にも株式を公開している、上場企業はたくさんあるのです。

（2）会社存続のためなら事業だって変えてしまう日本企業

普段の生活で街にあふれている会社を意識してみると大変面白いことがわかります。

任天堂がswitchをつくっていてを知っている人が多いと思いますが、もともとは花札を作っていた会社、日本で初めてトランプを作った会社であり、プラスチックトランプも任天堂が最初と言われています。まずは任天堂の株を見てみてもよいでしょう。

多くの親子が、身近なものから投資を始めよう、と言って任天堂を見るのですが、任天堂の株は2021年2月現在、一株が64,000円を超えています。

通常、株は100株が1単位なので、640万円です。今LINE証券などでは1株から買えますが、なかなかスタートするには勇気のいる株かもしれません。

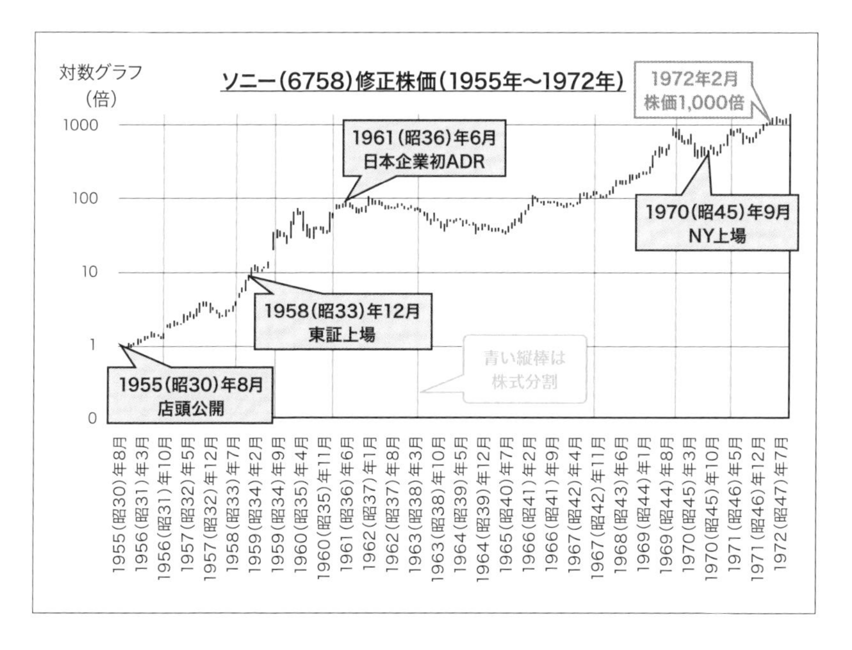

実は我が家の息子たちも最初そこに陥りました。

興味があること＝ゲーム、では任天堂となったのですが、株価を見て二の足を踏みました。

そこで、ゲームに関連する株が他にないかなと思っていたところ、息子がswitchではなく、PS4でやっていたゲームが目に留まりました。PSはソニーのゲーム機です。

証券会社に勤務していたころ、私は先輩から、ソニーの話を聞いて心が躍りました。

ソニーの前身は「東京通信工業」と言う会社です。

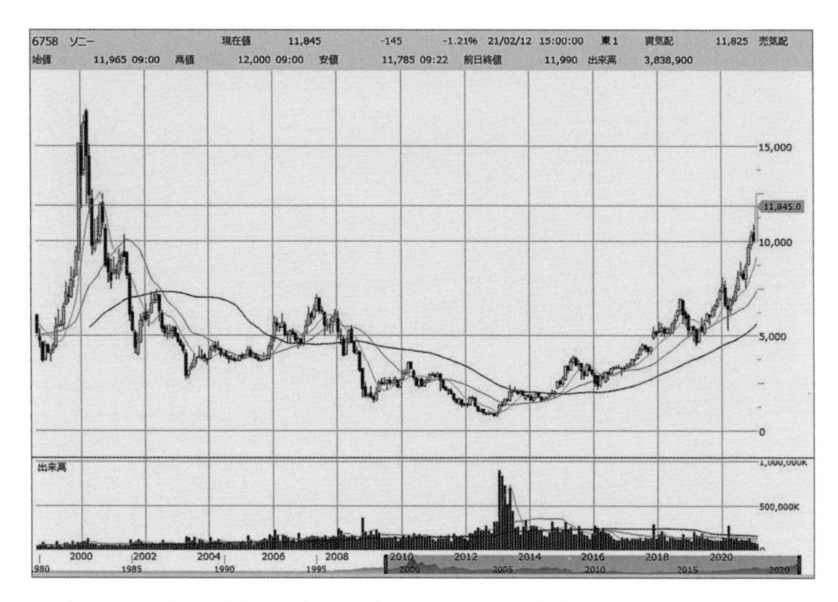

ソニーは上場当初は今でいうベンチャー企業でしたがたった３年で株価は10倍に6年未満で100倍になっています。

そして1,000倍になったのは16年。

安値から１万倍になったのは44年。

確かに東京通信工業が株式を公開したのは、歴史の教科書にも出てくる、戦後の急成長の時期、池田勇人が「所得倍増」を宣言したころで日本が高度成長期の頃でした。とはいえ、株には夢があると思いませんか？　ただソニーの株が安値の150円の１万倍なった時は「ITバブル」と言って、インターネットが普及し、IT関係の株が軒並み上がった時期でした。

上場当初に、東京通信工業の製品を買ったらそれで終わりですが、同じお金で株を買っていたら、億万長になれていた計算になります。

ところがソニーはそこからヒット商品が生み出せず本来は稼ぎ頭だったはずのゲーム機も不振に、業績不振に陥ります。

2012年までに累計9,000億円もの赤字。

2012年に株価は700円台まで落ち込み見ました。

ちょうどそのころ、私は、ソニーの株を父から相続していました。

私がソニーの株を譲り受けた時が1,300円程度の株価だったと記憶しています。もう毎日ソニーの株価を聞くのも怖いくらいでした。ソニーいよいよまずいのでは？　と株主だった私は思ったくらいです。ところが、ここからソニーの快進撃は始まります。

日本の企業のすばらしさはこの「復活」にあると私は思っています。

アメリカはスクラップ＆ビルド、壊して作るですが、日本の企業はつぶさず、復活を模索します。平井社長の元、儲からなかった事業を儲かる事業へと変えていきます。

そんなソニーの株価が2021年2月現在は11,000円を超えています。つまり私が相続した株はたった10年も経たないうちに10倍になったわけです。アメリカと日本の企業はそもそもの考え方が違います。

アメリカは前述したように、「スクラップ＆ビルド」日本の会社は業態を変えたとしても生き残りを図ります。

そのような会社は日本に多くあると思いますが、そのなかで「富士フィルム」の話をご紹介します。

コロナが流行して、まず注目されたのが、治療薬でした。それが、富士フィルム傘下の富士化学でした。

富士フイルムと聞くと何を思い出すでしょうか。

私は松田聖子さんのCM「アスタリフト」を思い出します。

でも私が子供のころは富士フィルムといえばその名の通り、フィルムの会社。樹木希林さんのお正月を写そうのCMはリアルで見ていましたし、使い捨てカメラの「写ルンです」にかなりお世話になった世代です。

ただ、もう今はフィルムで撮影するという機会がめっきりというか、ほとんどありません。

2000年ころから、カメラはデジタルカメラが主流になりはじめました。私が初めてデジカメを購入したのもそのころでした。富士フィルムもその流れに押されて、フィルム事業からは2005年から2006年に事業を縮小し、他分野事業に進出しています。

今は四季報にも「化学」の会社として掲載されています。

一方、アメリカでフィルム会社と言えば、コダック、正式名称はイーストマン・コダックと言います。
　コダックが世界で初めてフィルムを作った会社、そしてデジカメもこの会社が最初に作っています。

　ただ、デジタルの流れに乗り遅れ、コダックは2012年に倒産しました。（翌年法人向け商業印刷を柱にして経営再建）

　これ日本人の私たちからすると、「富士フィルムは変化に柔軟に対応し、今まさに世界中で大流行しているコロナウィルスに克つ薬ができるかもしれない会社を傘下にもつすごい会社だ！」と思うかもしれません。

　しかし、アメリカ人の感覚では「コダックはフィルムを作らなくなったのだからやめればいい」という感覚なのです。実際、コダックで働いていた人はどうしたかと言うと、コダックで働いていた経験や知識を活かして会社を起業し、それを合わせると以前のコダックの価値の数倍になったという話さえあります。

　スクラップ＆ビルドがアメリカの考え、会社を潰さず活かすのが日本の考え方です。

　現に日本の時価総額のトップクラスの会社はトヨタやNTTなどは順位や多少の入れ替えはあれど馴染みの顔触れはかわりません。

ところがアメリカで30年前には名前すら知られていなかった会社が今では世界の時価総額のトップに顔を並べているわけです。

30年前には時価総額のランキングにも入っていなかったいわゆるGAFAMとよばれる、アップル、マイクロソフト、アマゾン、アルファベット（グーグル）、フェイスブックが上位に入ってくるわけです。

日本人とアメリカ人そもそも生き方も考え方も違えば社会の評価も違うわけなのです。ここがまたひとつ投資の興味深いところだと私は考えています。アメリカに投資したいと思ったらわざわざアメリカに行かなくても、日本にいながら、世界の会社に投資できる、日本にいながら違う考えや文化に投資できる、また、それこそ、これから発展してくる可能性のある国や会社に安心して投資ができる仕組みあることは市場のすばらしさだと思っています。

単に円やドルに分散投資しているなんて単純な言い方ではなく、考え方の違う人たち、生き方の違うところを利用して、自分の資産を守り増やすのも投資の醍醐味です。

（3）普段の生活の中で「社会」や「経済」を意識する

ある時、牛丼は「すき家」がいいよねと言う話を子供がしていました。すき家はゼンショーホールディングスと言う会社のひとつです。ココスやはま寿司、華屋与兵衛、ビックボーイ、モリバコーヒーもこのゼンショーグループになります。これ皆グループ会社なの⁉と思いませんか。株を知る＝会社を知ると社会をちょっと知った気持ちになれますよね。まずは社会にある会社を意識するのが、投資先を探す第一歩だと思っています。

先日、スシローにお寿司を食べに行きました。

私はお寿司が大好きで回転寿司も好きなのですが、回転寿司に行く時は「スシロー」と決めています。

なぜかと言うと、ある時テレビで「スシローは原価率が高い」と知ったからです。原価率が高い、つまり、売り上げの中で原価が占める割合が高い＝つまりいいネタを使っているということです。

調べてみると50％を死守していますとのことでした。飲食産業は15～30％が一般的で、50％というのは群を抜いています。

なぜスシローがここに拘っているかと言うと、スシローの企業理念を読んでいたら、創業以来からのこだわりが書いてありました。

ここが原価率に拘るポイントであると私は思いました。

そう思うと、この企業理念には賛同できるし、他の数ある回転寿司ではなく「スシロー」に行こうと私は思いますし、お店に行って

企業理念

スシローの使命

うまいすしを、腹一杯。
うまいすしで、心も一杯。

うまいすしを、ひとりでも多くの人に腹一杯食べてもらいたい。
「この価格で、こんなにうまいのか！」とお客様を驚かせたい。

一軒の立ちすしから回転すしをはじめたときのその想いこそ、
スシローが創業以来、ずっと挑戦し続けていることです。

魚をきびしく仕入れる。ネタの鮮度管理を徹底する。
手間をかけた店内調理にこだわる。
新鮮でうまいすしを提供するために、できることのすべてを。

掃除も、接客も、きめ細やかに丁寧に。
心くばりを、店内のすみずみまで張りめぐらせよう。

すしが持つおいしさと楽しさで、お客様のお腹と心をしあわせで一杯にしたい。
「スシローがあってよかった」と、地域の人々から思ってもらえるお店でありたい。

うまいすしを、腹一杯。うまいすしで、心も一杯。

それこそが、私たちスシローの使命です。

応援もできるけれど投資を知っていたら、株を買って株主として応援をするという方法もあるわけです。

これを毎回毎回私がスシローに行く度に話すので、子供たちもすっかり覚えてしまいました。そしてちょうどその日、スシローは決算の発表をしていたのです。決算発表とは会社の業績を報告することで、上場している会社は通常年４回発表をします。

その日スシローはその期の１回目の決算発表だったわけです。

コロナによって飲食業界が大変なのは子供でも想像がつくと思います。その時、スシローの決算発表の内容は前年の同じ時期より42%も上回ったものでした。

この時私はこの話を子供たちにし、これで株価は上がるでしょうか。これはチャートと言って株価の期間ごとの株価の表しています。

一期間毎の推移を表すものを「ローソク足」と言い一日ごとのものを「日足（ひあし）」週ごとのものを「週足（しゅうあし）」、月ごとのものを「月足（つきあし）」と言います。

どう見るかというと、例えば日足なら、朝９時に市場は始まりますが、始まって売る人と買う人の希望の金額と数量が揃ったら値が決まります。その最初の値を「始値（はじめね）」といい、取引時間中に一番高いところが「高値（たかね）」一番安いところが「安値（やすね）」です。

そして15時に取引が終了しますが、その時、もしくはその直前についた値が「終値（おわりね）」です。

始値より終値が高い白い線を「陽線（ようせん）」、始値より終値が安いものを「陰線（いんせん）」と言います。どちらの線の株がいいかといえば一概には言えませんが、終わりに向かって上がっているわけですので、陽線の方がよさそうですよね。

スシローの決算発表が出たのは２月５日の市場が終わった後、翌営業日の株価は250円も上がって始まったわけです。

決算は通常、その期を４分割して決算発表をします。「決算書の見

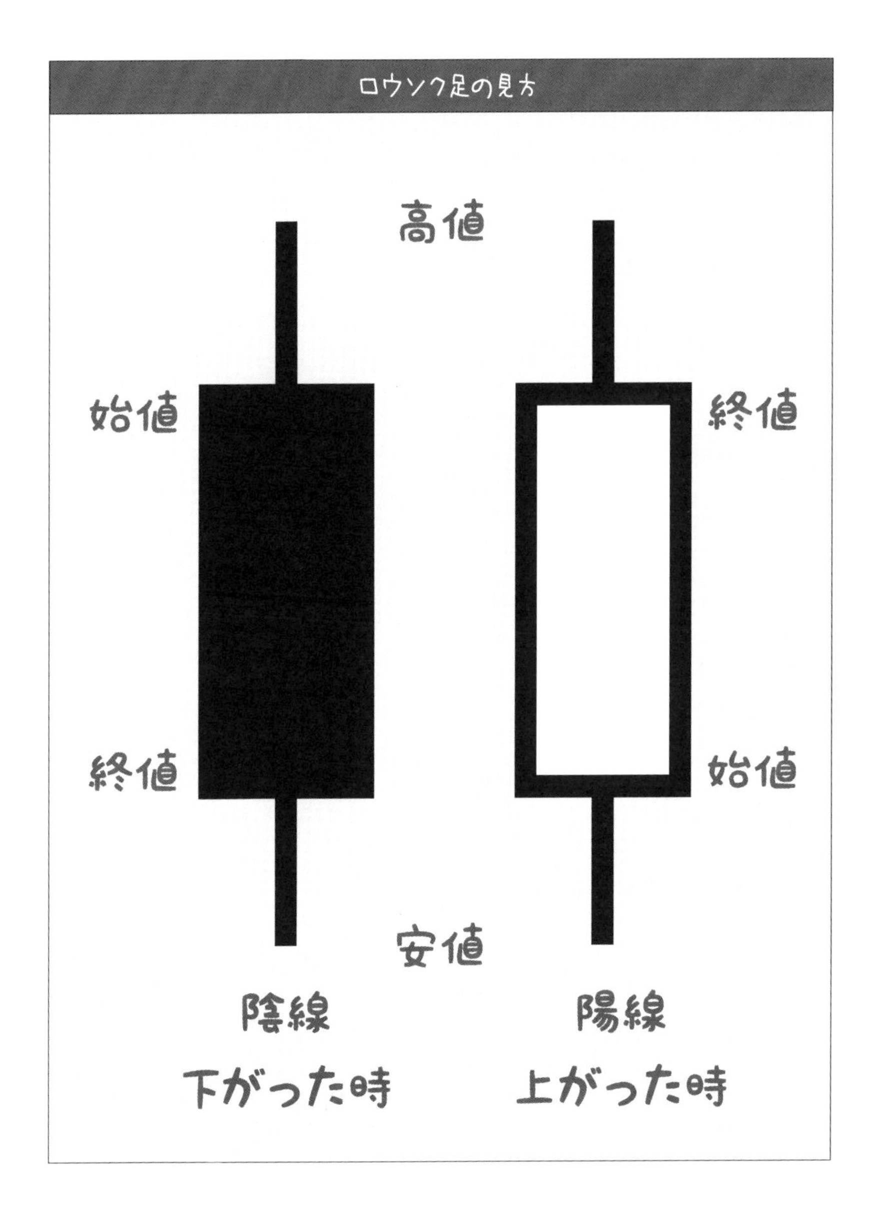
ロウソク足の見方
高値
始値
終値
終値
始値
安値
陰線
下がった時
陽線
上がった時

方がわからない」とお客様からも言われますが、数字の羅列や発表内容がいいのかわるいのか見極めが難しいと私も思います。

決算発表による株価の反応は…　誕生日プレゼントと同じです。

例えば誕生日プレゼントを必ず貰える相手、例えばご両親でもいいですし、恋人や、配偶者でも構いません。

貰える相手からのプレゼントは開けてがっかりしたら、相手の評価が下がります。ところが貰うなんて想像しなかった人から貰ったら、誕生日を覚えていてくれたこと、プレゼントまでくれたこと、中身なんかよりそのことが嬉しくて相手の評価がぐんとあがりませんか？　そのことを来年も期待したら、今度は中身が気になるわけです。

決算発表による株価の反応は、「予想」より良かったか、悪かったかです。ですので、そもそも「良い」と言われていたら、予想よりももっと良くないと市場は良いと反応してくれません。

また、悪いからと言って株価は必ずしも下がらない、むしろ上がることもあります。

株価はもともと、先行して動くものなのです。常に、先に先にと動いています。

この会社の決算は良いだろうとみていたらもうそれは株価に折り

込んでいるので、さらに良い内容、しかもびっくりするような内容でないとそれ以上の上昇を期待はできないわけです。

（4）自分が応援したい理由をさがす

投資する上で大切なのは資産を増やすことも一つなのですが、投資の醍醐味は小さなお金で会社のオーナーの一人になれるところです。その会社の経営者に経営は任せるかわりにお金を出す、なぜ、そんなことをするかと言えば、「応援したいから」だと思っています。

自分が応援したい会社にお金を出し、その会社が成長して配当金を出したり、株価が高くなってくれることこそ、本来の投資の意味です。日本にも、世界にも、自分が想像もつかないような技術やアイデアをもって信念を持っている会社はたくさんあります。

単に会社の成長に投資するだけではなくその会社の思いや社会貢献なども応援できたら、もっと意味のあるものになっていくと思うのです。

私が投資を始めたころ、私はそこまでは思っていませんでした。指標をいくつか入れてスクリーニングをかけ、その中から目をひくものろ調べて投資する程度でした。

ただ、投資というものを、それこそ、子供たちに教えるようになって、今お話してきたような「投資の本質」を考えた時、何か大切なものが欠けている気がしました。

投資＝お金でもちろん構わないと思うのです。
市場で利益を出し、またそのお金を投資、もしくは経済を循環することに使うというのは経済活動の大事な要素だと思っています。

ただ、もう１つのエッセンスをいれると、上場している会社だけでなく、社会や経済を意識できるようになります。

まずは、自分の「好きなもの」「好きなこと」を知ることです。

そんなことなの？　と思われますが、意外と自分のことは知らないものです。これはひとりひとり違います。

正直私は美容には全く興味がないですし、女のくせに車や機械が大好きです。もうこんなことに使えるこんな部品はとてもわくわくします。この私が美容関係の会社を応援しましょう、投資しましょうと言われても全くピンときません。

私は野球観戦をしますが、サッカーはよくわかりません。そんな私にサッカーの話をされても全くピンときません。

私は長野の出身なので、長野の話をされると前のめりで話を聞きますが、行ったことがない県の話をされてもピンときません。

お勧めの株は…　と聞かれると困る理由はここにあります。

まずは好きなもの、嫌いなものを投資ノートに書き出してみることをお勧めします。概要しか浮かばない場合は、検索してみるといいと思います。

例えば、「DX　関連銘柄」とか「コロナ　関連」とか検索すると一気にでてきます。

もしここで思いつかなければ３日目にお話しした「風がふけば桶屋が儲かる」ゲームで気になる会社を探して調べるのもいいと思います。

私は例えばどこかのお店のカレンダーなどはこの会社上場してるかなと言う目線で見ますし、何か行列ができていたり、流行っているものにはすぐとびついて「この会社上場しているかな」とか「この会社上場する予定はあるかな」など考えたりもします。

また東京ビックサイトなどで開催されている多くの会社が集まるようなイベント、資産運用EXPOだけではなく、情報通信関係のイベントや車関連などのイベントも気になれば自分の好きな会社探しに行ったりもします。

▲ AI・業務自動化展：東京ビックサイト

昨年はコロナ禍ではありましたが、昨年もIT関係のイベントに参加し、生のお話を聞いてきました。何百社も出ていると、自分が好きな会社はひとつふたつ見つかるものです。
スマホで検索すれば、上場しているか、していないかはすぐにわかります。上場している会社はIR情報を載せているからです。

上場会社は投資家に対し必要な企業情報を公表する義務があるからです。

株も昔から上場しているような会社もあれば、新しい会社もあります。どうしても名前の知っている会社が安心だという人もいれば、目新しい会社の方がいいという人もいます。
ここは好みだと思っています。

株は変わらない時もまれにありますが、「上がる」か「下がる」しかありません。折角買った株が下がることもありますし、売った後にもっと上がってしまうこともあります。動くことが最初のうちは楽しいこともありますが、ストレスにもなるわけです。

思ったように株が動かない時に好きでもない株だったら、心に負担がかかります。そういったストレスを少しでも減らすためには好きなタイプの、好きな業種の好きな会社に投資する方がよいとも思うわけです。

ただこれで自分の会社の株を市場で買うというのは、インサイダー情報を知る可能性があるとして、ただの社員でもルールが設けられている証券会社が多いと思います。

もし、ご自身の会社の株を買いたい時は持株会やストックオプションなどを利用した方が制度的にも有利になることが多いと思います。

好きになるきっかけは、もう一目ぼれして、後付けで理由をさがしたりする場合もありますし、好きなモノをたどっていったらその会社にたどり着くこともあります。3,800社近く上場会社があるのです。

ここで好きな会社を探すヒントですが、私の場合、前述したスシローのように、たまたま知ったきっかけから、HPやネットを調べたら好きになったというケースもあります。

私は無類のスターバックス好きなのでスターバックスでこの本を書いていますが、好きでお店に行ってしまうというのには何か理由があるはずです。

「家庭でも職場でもない第三の場所」確かにスターバックスは落ち着く雰囲気のところが多いですよね。

数あるコーヒーショップからスタバを選ぶ理由は？　と落とし込

んでいくと、なぜ私はスタバでなければいけないのかと言う理由が出てきます。

スターバックスはアメリカ株なのですが、日本にいながら買うことができます。

子供たちに投資を教えていたら「お母さんはなぜスタバ中毒なのにスタバの株を持っていないの？」と言われ、これは私の中でも本当に盲点でした。

私は横浜に住んでいますが出身は長野県なのです。

長野県は東証１部に上場している企業本拠地が首都圏や大都市圏を除くと、静岡と並んで24社と一番多い県になります。

地元の企業を応援したいという気持ちももちろん好きの理由だと思っています。

投資を最初にやるには一部に比べると上場基準が低い、二部や新興市場と言われるマザーズ、ジャスダックがあります。

株式公開をしようと思うと、通常はこの新興市場から上場することが多いのですが、3,800社近くの会社から探すのが難しければ上場する予定の会社の情報をとるというのもひとつの手だとは思います。

正直言うと、上場してからしばらくこういった株は投機的な動き方をするので初心者には取引するのは難しいかもしれません。

何度も言いますが東証だけで上場会社は3,800社もあるのです。

「新商品」には人が集まりやすく、価格が大きく動きやすくなります。ただ、新しく上場してくる会社は今の社会にあったものも比較的多く、こんな会社があるんだ‼　こんな事業おもしろい！この会社はきっと大きくなる！　と思える会社も数多く出てきます。

新規公開だけでその年の情勢によっても変動しますが100社前後の会社が毎年上場してくるのです。

こういった会社の株式をみているだけでも投資の参考になると思います。

そんな会社がいつか、日本を代表するような会社になるかもしれないと思うとそれもまた夢がありますよね。そして最近上場してくる会社の社長は情報発信をSNS等でされているケースも多く、社長の言葉に触れることもできたり、運がよければ、直接コンタクトをとることができたりもします。

3日目でも書きましたが、株式市場では「みんなが同じ情報を持って臨める」という、公平性がルールです。インサイダーと言われる情報に関しては厳しく罰せられますのでそんな情報はもちろん、

SNS にはでてきません。ただその会社についての生に近い情報をとることが可能だと思っています。

SNS からその会社を調べるにいたった会社をひとつご紹介します。

Yahoo! ファイナンスでも IPO と調べるとこれから上場が決まっている会社を検索できます。

私は職業柄、上場してくる会社の情報は常に調べています。

ある時 Twitter でとある企業の社長さんが、上場したばかりの会社の社長さんの Twitter をリツイートしていました。それを見てその方のページにとんだところ、自己紹介の一文が目に留まりました。

それは会社の内容でもなく、私の生まれ故郷のご出身で… そこから不思議なもので一気に関心が沸いてその会社のことを調べたところ、苦境を乗り越えてきたこと、今は 20 時になるとほとんど人がいなくなるほどワークバランスがとれた会社であること、ことやその事業への社長の熱い思いが書かれていました。

数値を見るよりも前に、その事業の独自性もさることながら、社長の思いを開示していること、方向性、そして、私は会社のエネルギー源はやはり働く人だと思うのですが、社員を大切にするそういった要素を垣間見、この会社を応援したい。製品は私が利用できないものなので株主として応援したいと思った会社に出会いました。

もちろん、財務内容なども調べましたし、毎日株価もチェックしていたので、買いを入れました。このあと、株価は急騰し倍になったのですが、私は売りませんでしたし、そこから1,000円下がった今も、不安はありません。なぜかといえば応援したいからです。

こういった会社の株を保有し会社を応援しながら、自分の成長とともに、会社も大きくなっていったらと思うとこんな投資があってもいいのではと思います。

最近はESG投資という、「Environmental（環境）」「Social（社会）」「Governance（企業統治）」に対する企業の取り組みを重視して投資銘柄を選定する投資も注目を浴びています要は環境に配慮し、社会に貢献し、会社の決定が、顧客、従業員、取引先、株主など会社の利害にかかわる人たちにとって良いものである会社こそ長期的に業績の成長を期待できるというものです。

世界的な公的年金基金もESG投資を取り入れ、また日本の公的年金基金も2017年にESG投資をスタートし、3兆円規模まで増やしていこうとしています。企業の価値が、環境汚染をしても、ワークバランスを無視しても利益を出していればいいという考えがもはや時代遅れであると感じますね。

投資先を選定する時にも、その投資先が社会においてどのような立ち位置なのか、もしくはどのような立ち位置を目指しているのかは見極めの大切なポイントになってきています。

ESG 投資において環境、社会、企業統治と言われても難しいかもしれません。

ESG 投資についてはそれに投資する投資信託を買ってファンドマネージャーにお任せするでもよいと思いますし、親和性が高い、SDGs に取り組んでいる会社から選んでみてもいいと思います。

外務省の HP にいくと、SDGs に取り組んでいる会社をみることができます。

ここに記載があるのは上場、非上場含めての会社が記載されています。ここから気になる会社をピックアップしてみるのもひとつかもしれません。

株は株のままでは例え株価が上がっていても「含み益」にすぎず、たとえ下がってしまっても「含み損」にすぎません。ただ株であってもその会社がせめて成熟するまで応援していくことは可能だと思います。

そんな時に応援したい会社ができたら、もともとの会社の株を売却し、また新しい会社に投資してもいいのではないでしょうか。

私のお客様はこの感度が高くなって、上場していない会社などをみつけてきて「この会社が上場することになったら株を買って応援したい‼」と言ってくるのです。その会社について調べると、この会社、上場の可能性があるなと思う会社も何社もあります。

まずは普段の生活で、自分の無意識なる好き、ついついここのメーカーのこれ買ってしまうんだよなとか、ここにきてしまうんだよな、も投資先をみつけるチャンスになります。

「これ、もう少しこんなだったらいいのに」や「私だったらこうするな」はビジネスチャンスにもなります。

普段歩いている街でなんだかやたらに人が多いなと思うこと、あれ、私は買わないけど流行っているな。も全部チャンスです。

街を歩くとき少しだけ目線を上げて、ぜひ「感じて」くださいね。

Coffee break

④ 少年よ、大志なんて抱いている場合ではない、恋をしろ！

常々「投資と恋愛は似ている」と提唱しています。

株の買い方みていると本人の「異性の好み」までわかります。
株を始めたいとやってくる方に、聞くのは異性の好みです。

女性ではダメンズにはまってきた人は見誤った株をいつまでも塩漬けしてしまう傾向が強く、もう安定した人が絶対いいという方は一部上場会社の株を長く持った方が向いていたりするのです。

男の人でも一夜かぎりにハマる人は値動きをみて株が買いたくなってしまうし、若い子が好きな子は株も次々乗り換えて長く持てなかったりします。

なぜこんなことが起こるのか、株は心理戦でもあるからです。
要は一番人間臭い部分が出てしまうからかと思っています。ただ、つまるところ、投資も異性も「自己責任」なのです。
たとえ誰かの後押しがあったとしても「選んだのはあなたでしょ？」となる世界です

・変な相手を選んで途中いい思いをしたとしても
最後に揉めて心までもっていかれることもある

・変な株を選んで含み益を抱えたとしても
最後大暴落し財産を失うこともある

他の人の意見を参考にするのも必要な時もありますが、大事なのは「相手を見極める力をつけること」とつくづく思います。

私は年間に200銘柄から300銘柄くらいみて年間に数社はこの会社すごい！！と思う銘柄に出会います。
そんな時は下がってもドンと構えるし平気で2倍3倍になっても売らないわけです。

「誰もが通り過ぎてく気にも留めないどうしよもない」銘柄でも「私が」この会社がどうしようもなく好きだ！　と思っているのならそれでいいと思います。

・自分が「信じた会社」だから。

・自分が「応援したい会社」だから

その通りにならないこともあるし見込み違いのこともあるかと思います。

「自分で決めた、だからこそ自分で責任をとる」
これが自己責任です。

この人（会社）にだったらだまされていてもいい‼　くらいの燃える思いをもっていてもいいのではないかと思います。

そのくらい「好きで好きで仕方ない」には何にも変えないパワーがあります。内発的動機付けですよね。

これは人だけでなくモノや事象も同じ。
「考えるな、感じろ！」「どうしたいんだ‼」と自問自答した方がいいと思っています。

愛して愛して愛しぬく
信じて信じて信じぬけるほどの情熱を注げる相手かどうかを考えてください。

それで見込み違いで傷つけられても
あなたの目が間違っていただけで、その相手が悪いわけではありません。それはもう、その都度見る目を養うしかないのです。

人を愛しいと思う気持ちをそれで傷ついたり悩んだりすることは人生に彩りを与えます。
結果がどうだったとしても。

今の若者（←そもそも年齢を感じる発言ですが）は恋をしない人が増えているようですが

「少年よ、大志なんか抱いている場合ではない、
恋をしなさい、恋を‼」

子供のうちから、「自分で選択させること」「自分の選択には自信をもち、人のせいにしないこと」ここは投資だけではなく、人生を生きていく中でも大切なことだと思っています。

【5日目】

実際に投資をしてみる

【5日目】

実際に投資をしてみる

(1) 証券会社に口座を開設する

投資すると決めたら、証券会社に口座を開設しましょう。

証券会社はもし専門的なアドバイスを求めるのであれば、対面証券と言われる証券会社に口座を開設してもよいですが、特に必要なければネット証券で構わないと思います。

ネット証券であればある程度までネットで完結します。NISAの口座開設も合わせて行ってください。NISAは、積み立てで投資信託を買いたい場合は「つみたてNISA」をNISAで株も買いたい場合は一般NISAを選びます。

私がメインで取引している楽天証券は審査後、IDとパスワードが送られてきますので、それでログインします。

積立の投資信託を行う場合は口座引き落としや、カードでの支払いも可能です。株を買う場合は、銀行から証券会社の口座に入金をする必要があります。

楽天証券の場合は、楽天銀行を開設し、連携すると、楽天銀行に入金すると、そのお金の範囲内で取引することもできます。

投資金額を入金したらあとは会社、通常株を買うとき、それぞれの会社のことを「銘柄」と言いますが、銘柄を選ぶ必要があります。

それぞれの銘柄には銘柄コードという４桁のコードがあります。これは覚える必要はありませんが気になる銘柄のコードは覚えておくと便利です。

株を売買する時は画面上ではありますが、市場に株を買いたいです‼　というのと同じです。その時、いくらでもいいからこの株が買いたいなら「成行（なりゆき）」いくらだったら買いたいを「指値（さしね）」と言います。

どうしても欲しい、どうしても売りたい場合は成行で構わないとおもいますが、そうでなければ最初のうちは指値をされた方がいいと思います。

（2）時価総額

会社の規模は「時価総額」で表すことが多いです。「時価総額」について触れておきます。

東証は株式市場で最も上場の厳しい条件が定められています。皆さんが知っているような有名企業が名を連ねます。時価総額という企業の価値を示す指標があります。株価が高い企業が一見いい会社のように思えてしまいますが、発行している株数、発行済み株数が大切となってきます。

たとえば、1,000円の株を1億株、10,000円の株が1万株であれば、それらを掛け合わせると時価増額が算出できますが、前者は時価総額が1,000億円、後者は1億円となります。

1,000円×100,000,000株＝100,000,000,000円
10,000円×10,000株　＝100,000,000円

株価の高いか安いかではなく、株価も大事だけれど発行済み株数がどのくらいあるかで企業の規模がかわってくるというのがおわかりいただけると思います。会社の規模を比べる時はこの時価総額を使用します。

証券取引所の規模もこの時価総額を基準にすることが多いのです。

世界で一番大きな市場はニューヨーク証券取引所、次いでナスダックです。３番目に東京証券取引所が入ります。

東証一部に上場する企業はその時価総額は250億円を超える企業になります。現在東京証券取引所には約社3,800社が上場しています。東証一部には約2,200社が上場しています。

日本で一番時価総額が大きい会社はトヨタ自動車です。
トヨタを例にとってみてみましょう。

（３）株式市場

市場については前述しましたが、日本の市場は朝９時に市場が開き、11時30分までが「前場（ぜんば)」一時間昼休みがあり、12時半から「後場（ごば)」が始まり15時に終了します。

９時始まって最初に価格がついたことを「寄付（よりつき)」11時半と15時直前もしくはその時間についた最後の取引を「引け（ひけ)」特に15時は「大引け（オオビケ)」と言います。それ以外は「ザラバ」と言います。

7203 トヨタ自動車 東証1部

現在値 -

前日終値 C 8,413 02/12

取引注意・規制

＋ 銘柄登録

始値 - :

高値 - :

安値 - :

出来高 0 株 単元株数

売買代金 - 千円 決算日 03/31,09/

複合板 (一株/口)

売数量	値段	買数量
1,610,700	OVER	
300	8,423	
100	8,422	
100	8,421	
4,400	8,420	
800	8,419	
1,000	8,418	
1,800	8,417	
3,600	8,415	
300	8,414	
177,100	8,413	
	8,412	172,000
	8,410	500
	8,408	100
	8,402	100
	8,401	1,900
	8,400	20,700
	8,398	100
	8,397	800
	8,395	400
	8,393	400
	UNDER	812,000

ここは少し専門的なのですが、ザラバの取引においては価格優先の原則と時間優先の原則があります。

つまり、最も低い値の売り注文と、最も高い値の買い注文が合致すると取引が成立します。

ただ寄付の注文や引けについては時間優先の原則が適用されません。

9時に取引が始まると、値と数量が合って初めて値が付きます。

8時を過ぎると、気配と言って、どこの値に何株出しているかが確認できます。

昨日より高かったり、安かったりおおよその目途がわかるわけです。ただ、ここは割と心理戦でもあるので、特に株数が少ないような銘柄は値がぶれることがあると思っていただいた方がいいかもしれません。

皆さんお仕事も学校もある中で、日々、こんな株の値動きを瞬きもせず確認するのは大変なことかと思いますが、一度はこの時間帯に気になる銘柄の「板」と呼ばれるもの、各値に何株の注文が入ってどうやって取引が成立していくのかを見ておかれた方がいいと思います。

もし、トヨタの株を買いたいとも思ったら、この板では成行で例えば100株買いを入れると、8,413円で買えそうだということがわかります。

ただ、その瞬間に売りの注文を8,413円で入れていた人達が撤退すると、値がブレてしまうこともあります。

どうしても今ということでなければこの値なら買いたいという値で「指値」をしてもよいと思います。

買う時はもし、NISAの枠を使うのであればNISAにチェックを必ずしてください。売買の単位は100株ずつの注文になります。

つまり、この例のトヨタだと、841,300円にプラス手数料がかかります。

売買が成立すると、保有銘柄の一覧にも載ってきますし、売買が成立することを「約定（やくじょう）」と言いますが約定照会にもその情報が載ってきます。

ここで特にネット証券ではお預かりしている以上の注文は入らないところが多いと思いますが、お金の受渡、つまり、預り金からお金が約定分減るのは３営業日目になります。

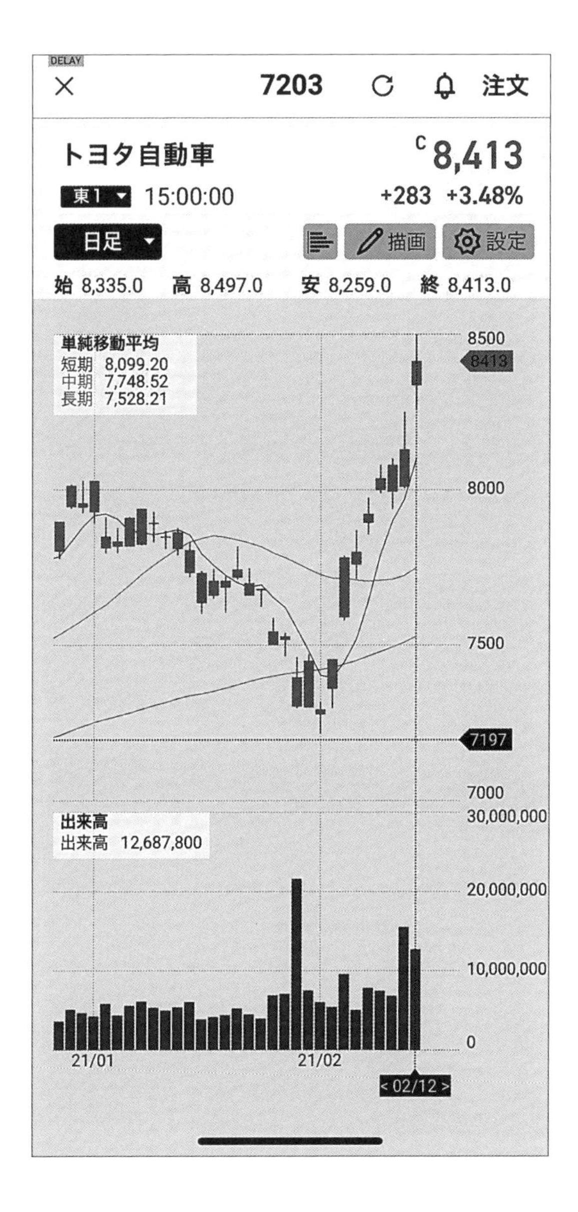
DELAY
7203
注文
トヨタ自動車
C 8,413
東1
15:00:00
+283 +3.48%
日足
描画
設定
始 8,335.0 高 8,497.0 安 8,259.0 終 8,413.0
単純移動平均
短期 8,099.20
中期 7,748.52
長期 7,528.21
8500
8413
8000
7500
7197
7000
30,000,000
出来高
出来高 12,687,800
20,000,000
10,000,000
0
21/01
21/02
< 02/12 >

売る時もそれは同じです。

つまり、明日お金が必要だからと株を売っても翌日にお金にはならないのです。ここは注意が必要です。

いざ、株が買えたら、対面証券会社やIFAを通した場合はおおよそ買いにも売りにも1%前後の手数料がかかります。

ネットだと数百円なのでそこまで買った価格=「買値」は株価とさほど乖離はありませんが、対面証券やIFAを通した時は、8,413円往復で2%上乗せして考えないと利益にはなりません。そこを踏まえて株が買えたら株価をみていければいいと思います。

さて、4日目でみてきた好きな会社をという目線でいくつか思いついた会社を「株」としてはどのように見たらよいのでしょうか。

私のお客様はまず、自分の好きな会社をいくつか実名で上げてくださることもありますし、こんなことをやっている会社ありませんか？　とお持ちいただくこともあります。

株はその会社のページを開けただけでもたくさんの指標があります。これをひとつひとつ覚えて、分析できたら、それこそデートレードもできるようになりますが、最初一番見てほしいのは、「出来高」

だと思っています。107ページのチャートで見ると棒グラフが出来高を表します。

出来高というのは、何株が取引成立したかというものです。
これが株の原動力です。

要は売買する人が多いということは、その株は活況ということになります。

株価は売り手と買い手がいないと売買が成立しません。
価格がつかないのです。
ですので、大きな名前の知られているような会社であれば、参加者が少ないから取引できないということはまずないと思いますが、ごくまれに値がつかないということはあります。

一日中値がつかないことは、株が活況になりすぎた時もあります。
いくら値を上げたとしてもいくら下がったとしても売り手と買い手が揃わないと注文は成立しません。

最後に比例配分と言ってその値売買を成立させて成立させた分を各証券会社に発注されている数量に応じて配分します。

日本の株には値の幅に制限があり、その日はどんなに上がってもそれ以上は上がりませんしどんなに下がってもそれ以上は下がりません。

保有銘柄であれば、決算発表などもお知らせがきますが、重要事項の発表などによって株価は上下しますので、決算発表がいつかはおさえておくとよいと思います。

最初はこの程度で十分かと思います。

いつ買えばいいのかと言うお話になってきますが正直決算などのイベントを控えていたり、通過した直前直後は株価がブレやすいので初めて買う時は一旦見送った方がいいと思います。

４日目にもお話しましたが、株の売買単位は 100 株になります。つまり、この例のトヨタは 85 万円近くします。

それでもどうしてもトヨタを資産として持ちたいというのであればよいとは思いますが、初めて買うなら、もっと少額の株もあります。

ご自身の条件にあった株をスクリーニングすることもできます。例えば、楽天証券ですと、スクリーニングを使って、５万円以下で買える東証一部の株は 600 社弱あります。

また、その中でも、株主への還元、配当を３％以上している会社は340社弱あります。この中から気になる銘柄を選んで投資してみるというのも手だと思います。

私はまだ投資金額が少ない時にはそのようにスクリーニングをかけ、その中から株をいくつかピックアップし、実際にすぐ買ったりしました。

制限値幅

大幅な需給の偏向や過当投機などによって市場価格が変動したりすると、投資者に投資判断を誤らせ、不測の損害を与えるおそれがあります。そこで、取引所では、１日の価格の変動幅を基準値段（前日の終値等）から上下一定範囲に制限しています。

これが「値幅制限」です。その制限値幅の上限まで上がることをストップ高、下限まで下がることをストップ安といいます。

価格	制限値幅	更新値幅
～100円未満	30円	5円
100円以上～200円未満	50円	5円
200円以上～500円未満	80円	8円
500円以上～700円未満	100円	10円
700円以上～1,000円未満	150円	15円
1,000円以上～1,500円未満	300円	30円
1,500円以上～2,000円未満	400円	40円
2,000円以上～3,000円未満	500円	50円
3,000円以上～5,000円未満	700円	70円

価格	制限値幅	更新値幅
5,000円以上～7,000円未満	1,000円	100円
7,000円以上～10,000円未満	1,500円	150円
10,000円以上～15,000円未満	3,000円	300円
15,000円以上～20,000円未満	4,000円	400円
20,000円以上～30,000円未満	5,000円	500円
30,000円以上～50,000円未満	7,000円	700円
50,000円以上～70,000円未満	10,000円	1,000円
70,000円以上～100,000円未満	15,000円	1,500円
100,000円以上～150,000円未満	30,000円	3,000円
150,000円以上～200,000円未満	40,000円	4,000円
200,000円以上～300,000円未満	50,000円	5,000円
300,000円以上～500,000円未満	70,000円	7,000円
500,000円以上～700,000円未満	100,000円	10,000円
700,000円以上～1,000,000円未満	150,000円	15,000円
1,000,000円以上～1,500,000円未満	300,000円	30,000円
1,500,000円以上～2,000,000円未満	400,000円	40,000円
2,000,000円以上～3,000,000円未満	500,000円	50,000円
3,000,000円以上～5,000,000円未満	700,000円	70,000円
5,000,000円以上～7,000,000円未満	1,000,000円	100,000円
7,000,000円以上～10,000,000円未満	1,500,000円	150,000円
10,000,000円以上～15,000,000円未満	3,000,000円	300,000円
15,000,000円以上～20,000,000円未満	4,000,000円	400,000円
20,000,000円以上～30,000,000円未満	5,000,000円	500,000円
30,000,000円以上～50,000,000円未満	7,000,000円	700,000円
50,000,000円以上～	10,000,000円	1,000,000円

平成22年1月4日から適用

制限値幅拡大要件（各取引所共通）

拡大要件	原則として、2営業日連続で次のいずれかに該当した場合、翌営業日（3営業日目）から制限値幅を拡大する。ストップ高（安）となり、かつ、ストップ配分も行われず売買高が0株、売買高が0株のまま午後立会終了を迎え、午後立会終了時に限りストップ高（安）で売買が成立し、かつ、ストップ高（安）に買（売）呼値の残数あり
拡大幅	ストップ高が連続した場合には、制限値幅の上限を ストップ安が連続した場合には、制限値幅の下限をそれぞれ4倍に拡大する
拡大解除要件	拡大された日以降、当該ストップ値段以外の値段で売買が成立した場合、翌営業日から解除する（変更なし）
重複上場銘柄の取扱い	複数の取引所に上場している銘柄（重複上場銘柄）については、すべての取引所で同様の対応がおこなわれます。なお、重複上場銘柄については、取引所ごとに拡大の条件に合致したりしなかったりする場合がありますが、売買高などが多い取引所を基準として制限値幅の拡大の可否が判断されます。

令和2年8月3日より適用

（4）証券会社に口座をもつということ

５日目はボリュームが少ないのですが、行動のハードルは一番高いと思います。

銀行に口座を作ったことはあるけれど、証券会社の口座を作る意味がそもそもわからないと言うお声は多いです。

感覚的には証券に口座をもつのは銀行に口座をもつのと同じくらい簡単です。

まずは対面ならば、窓口で口座を作りたいと言えば手続きしてくださいますし、ネット証券であれば、口座開設はこちらをクリックしてそのまま進めていただき必要書類を提出すれば口座は簡単に開設できます。証券会社の口座開設では何度も「口座」と言う言葉がでてくるため、混乱することがあると思います。

まずは証券会社で作る口座は基本的には「総合口座」と言われるもので、その中で株や投資信託などの有価証券、それを買い付けるためのお金などとお預かりしています。

次に出てくる口座は「特定口座」というものですが、あれ？　口座作ったのに、また何か口座が必要なの？　と思われますが、そうではありません。この特定口座というものは税金の計算をしてくれる口座です。税金の計算を自動にしてほしければ特定口座で保有し、それが必要なければ「一般口座」に置いておくこととなります。

特定口座で購入し源泉徴収ありを希望すれば自動に計算して税金が引かれた状態で利益を受け取れます。またAという会社では利益が出たけれどBという会社では損が出てしまった場合、差し引きを計算し、還付されることもあります。

次に登場する口座は「NISA口座（非課税口座）」です。

NISAについては2日目でお話しましたが、この口座は買い付けの金額に上限はありますが、この口座の中で買ったもので配当金なども含め利益に対する税金は非課税になります。

ですので、基本的には特定口座を開設、ご自身で申告しない、もしくは証券口座での税金はそこで完結してしまいたい人は特定口座の開設をし、源泉徴収ありと設定し、NISAの口座も「つみたてNISA」「一般NISA」を投資するもののバランスをみてどちらか選択し利用されることをお勧めします。

NISAは２０２４年から新制度が開始されますので、そこは再度利用方法を検討してみてください。

６日目で失敗談を踏まえて実際にどう行動したらよいかを経過を追ってみていただければと思います。

Coffee break

⑤ 証券会社？　銀行？　保険？　FP？　IFA？ 結局誰に相談するのがベストなの？ 金融業15年の本音

お金のこと、投資のこと、誰に相談するのがベストなのでしょうか。
本当は全部自分で考えて選択できるようになるのが一番です。
ただ、限られた時間の中で自分の眼になってくれるような、担当者が欲しい方も多いと思います。

巷では証券会社に行けば買いたくもない商品を勧められ、保険屋に出会えば過剰に保険を勧められる？　担当者がかわることがデメリット？　そんなことはありません。

FPやIFAができるよりもずっと昔から証券会社も保険会社も存在しました。そして今も存在しているのにどちらが正しい、間違っているということはないと思っています。

どちらにもメリット・デメリットがありますし、どちらにも心ある人もない人も存在します。
ただ、お金が動く世界なので、人の欲望も蔓延しやすい世界ではと思っています。

FP＝ファイナンシャルプランナー

IFA＝独立系ファイナンシャルアドバイザー

はどうでしょうか。

私は証券会社勤務していた頃に、FP 技能士２級の資格を取りました。証券会社にしか勤務していなかったのにFPの資格は取れました。そのまま保険会社に勤務先を変えましたが AFP の資格もすんなり取得でき、IFA になりました。

IFA の保有資格は証券外務員１種か２種のことが多いですが証券外務員試験は誰でも受験できます。FP の資格に関していえば、３級からなら実務経験がなくとも取得することが可能です。

何が言いたいかと言うと、資格だけならその気になれば、だれでも取れるのが FP であり、IFA です。となると、資格の有無では能力は判断できません。

IFA になり思うのは周りを見渡せば IFA はたくさんいますが、ほとんどが証券会社から独立した人か保険関係のお仕事をされていて IFA としてもお仕事されている人が多いのです。

IFA 日本語に訳せば、「独立系ファイナンシャルアドバイザー」なので IFA とはと聞かれるとそう答える人が多いのですが、正式には「金融商品仲介業」を指します。

ファイナンシャル…　とつけばいかにもお金全般の相談ができそうに思えますが、ほとんどのFPやIFAには得意分野や不得意な分野があると思って間違いないと思います。

私でいうと、証券会社にも保険会社にも専属で勤務しているのでそれぞれの分野を実務も含め経験していますが、お客様の中には証券の専門知識の方がメインに欲しい方もいます。そういう人には私よりも証券専属で何年も働いている担当者がいい場合もありますし、幅広く金融商品をについて聞きたい場合は実務経験がそれぞれある方がよい場合もあるのです。

この業界で横のつながりもかなり多いですが、本当の意味でファイナンシャルプランナーをしてくださるFPやIFAは片手で足りるくらいしか知りません。業界の人間でもそうなので皆さんが探そうとすると見極める目からしてかなり難しく、かといってご自身でそれだけの知識を付けるのは時間も労力も必要です。

ここまでお伝えしたことを踏まえ、目の前のFPやIFAには得意分野があるんだなーと思って、証券外務員や保険外交員とお話された方がよいと思います。すべてを丸投げすることは互いを幸せにするものにはなりません。担当者はあくまで伴走してくれる存在と思っていただくのがベストです。

本当なら必要な方のお話を一人ひとりお聞きして合う担当者をご案内できれば良いのですが、なかなかそれも叶わないので、ここで出会い方のひとつとして「お金の健康診断」（お金の健康診断 ¦ 国内最大級 お金の無料チャット相談 (okane-kenko.jp) をご紹介します。

Line で質問に答えるだけでタイプ診断があり、内容によって自分の志向にあったプランナーが答えてくれるというものです。

質問内容に関しても、その分野が得意なプランナーに出会える確率は高くなると思います。

ご自身に合った担当者探しの一助として利用してみてもいいと思います。

【6日目】

こんな時どうしたらいいの？

【6日目】
こんな時どうしたらいいの？

（1）失敗談

配当というのは、あくまで予想です。ここでひとつ、失敗例をあげておきます。

2018年の夏頃、ちょうど、長男は小学校5年生で算数のレベル的にも株価についても理解が進んできた年頃でした。

ここで皆さんにお話したように、まずは応援したい会社の株を買いなさいと私は教えました。

その時私が持っていたトヨタ自動車の含み益を見ていたこと、私が見ていたLEADERS Ⅱに影響されたのもあり、自動車はやはり日本の大切な産業だ、だから自動車株が欲しいとうっすら思っていました。

また、80万というジュニアNISAの枠や、息子が貯めてきたお金の中で投資に充ててよいと思っているお金を見て、配当もよいから、我が家は横浜でもあるし、日産自動車の株、いいかもねとお気に入りのひとつにいれておきました。

すると、2018年11月19日にカルロスゴーン元社長兼CEOが逮捕されました。

そこで長男と相談し、日産の自動車が悪いわけではないのだからそこが好機と973円で100株を買いました。そして、長男は初めて買ったし、大した利益にはならないけれど、決着までに時間がかかるかもしれないのでと1,000円に戻ってきたタイミングで、売却したいと言ったのを、私が止めてしまったのです。

本当に申し訳ないことをしたなと思うのですが、私の余計な知識が邪魔をして、純粋な感性を尊重しなかったのでそこから日産の株はあれよあれよと下がります。これはまずいと思い、もう100株の追加をしました。ここが少し早かったのですが882円で100株を追加しています。

これを「ナンピン買い」と言うのですが、つまり、当初973円で100株買った株をもう100株882円で買うと、取得単価が下がります。つまり、算数の「平均」を使うわけです。

この理屈がわかるようになるのが、5年生終わりから6年生くらいなのです。

ところが日産の下げは止まりません。

ここで、日産は「塩漬け」になりました。もちろん、株価も下がり、業績もよくなく、あれだけ高配当だった日産の配当は0になります。ここでさらに日産を買うのは得策ではないと思い、長男と作戦会議をしました。

残ったお金で同じくらいの値の株を買い、投資信託の積立を始めました株で含み損を抱えたことが、投資信託の積立てを始めるきっかけになりました。

（2）投資信託を積み立てる

株は応援したいとはいえ、やはり下がると落ち込みます。

ましてて、初めて買った株がこのように下がるともう投資をやめようかとさえ思ってしまうこともあります。

その陰で、投資信託を積立てていこうと本人が思えたのはこの株の下落が契機だったように思います。

株より投資信託がいいとお勧めするものではありません。
株には株の、投資信託には投資信託のよさがあります。

初めての投資で株をやりたい人はそれと併せて積立の投資信託もして欲しいと思うわけです。

株のように常に意識しているものと違って投資信託はプロが運用しているため、株に比べれば放置することができます。ですので、毎月投資信託を積み立てることにしました。

投資信託のつみたてのメリットは１日目にキャベツの話をしましたが、価格の変動を上がっても下がっても味方につけるという方法です。

もう一度、この図を見て確認していただきたいのですが、現物の株を買って下がったら皆がっかりしますよね。しかし、下がったらたくさん買えると思うと、悪いことではありません。

日産の株だって、同じ投資額をずっと続けられたら底を打って戻ってきた今、利益をだすこともできるわけです。

ではなぜ、日産の株でそれをしなかったのかと言うと一単位 100 株の株を延々と買い続けることはできませんし、一番は同じ銘柄に投資することはリスク分散の観点から得策ではありません。

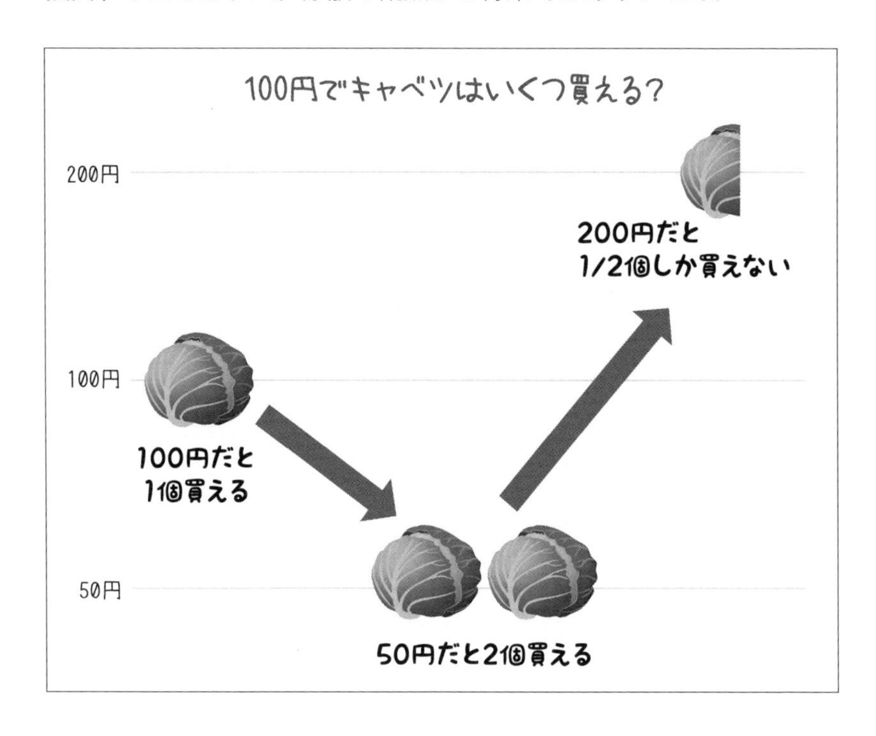

その点、投資信託はそもそもその投資方針によってではありますが、分散することができます。ですので、積み上げていく効果が期待できるわけです。最初からいくら買いますと決めておけば下がった時はむしろ買い場です。

いつもよりたくさん買えます。

安いところで買うことでコストも下がります。

ここで大切なのは価格の上下よより「数量」となります。

投資信託にもものにより毎月だったり、年１回だったりしますが、

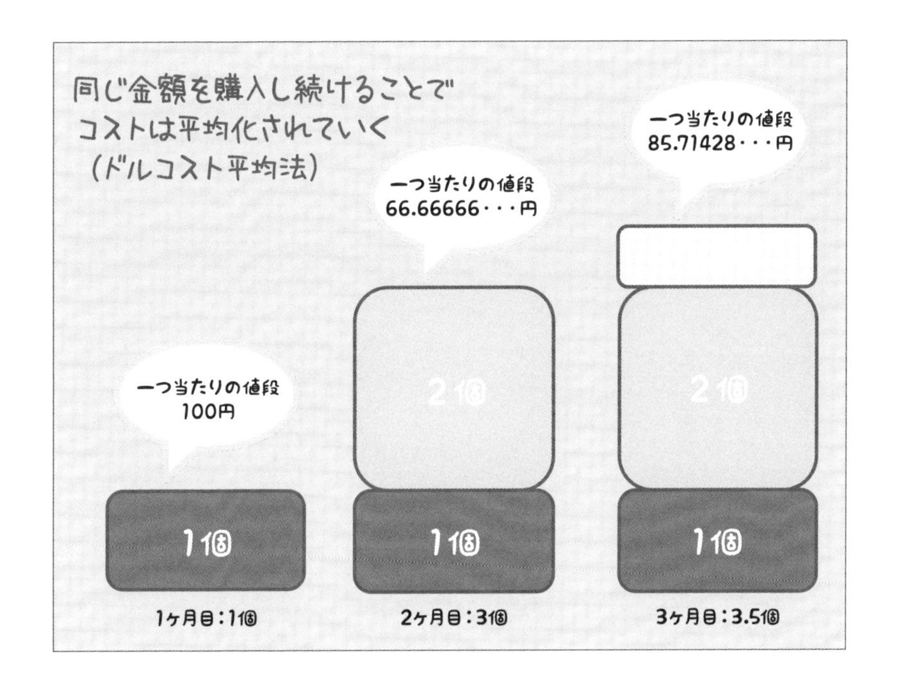

決算があり、業績によって「分配金」が出ます。それを再投資することで、複利の効果を得ることもできます。

株で「攻め」ながら投資信託を着実に積み上げていくもよし、ここまで読んで、株はまだ難しそうだから、投資信託をまず始めるもよいと思います。

投資信託は日本に6,000本ちかくあると言われています。そんなにたくさんあるのをどうやって選んだらいいの？　となりますが、「つみたてNISA」で積立てできるものは170本前後です。要は資産形成に向いた商品を金融庁が170本に絞っているわけです。

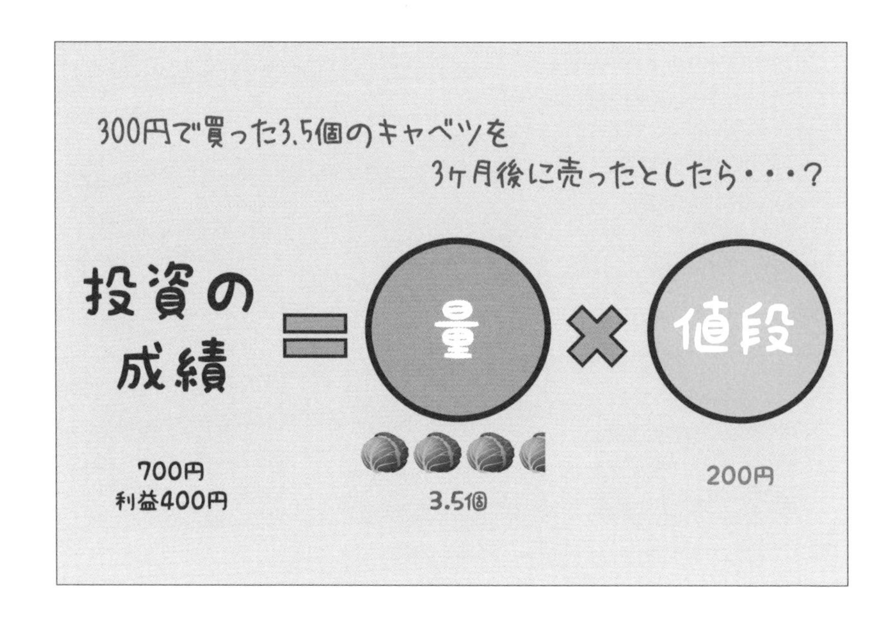

子供の場合はつみたてNISAはありませんし、大人でも一般NISAを使っていればつみたてNISAは使えませんが、選びきれないとなればつみたてNISAで投資できる投資信託から選ぶとよいと思います。投資信託の積立ては、それは全体の相場が下がった時の方がいいですが、いつ始めるかはあまり関係ありません。いつ始めるかよりも少しでも早く始めることをお勧めします。

この170本ですが取り扱いの過多は証券会社や金融機関によっても違いますので、多くの中から選びたい場合は取り扱いの多い証券会社を利用した方がよいでしょう。

投資信託の場合、選び方はもっと大雑把でよいのですが、例えば、アメリカに投資をしたいとか、やっぱり日本がいいとか、新興国がいいと言った形で選んでいいと思います。

今までお話してきた中で、株だけではなく債券や、不動産REITなどもあります。中身にどんなものが入っているかは投資信託の説明書である、目論見書をみれば書いてありますし、直近の運用報告書をみればその投資信託の運用結果だったり、組み入れている銘柄がわかったりします。

株なども、自分で直接買おうとするとたくさんの銘柄を買うことは限られたお金の中では難しいわけですが、投資信託はたくさんの銘柄が組み込まれたものを買えるので、分散の効果もあります。

ただ分散するのでリスクが少ない分、リターンも直接投資して得られた分を考えると少なくなります。

つみたてNISAの場合は年間40万まで20年間投資できますので、投資の第一歩として始めるのにはよいかもしれません。

投資信託は毎日上下を気にする必要も株に比べればありません。それよりも積み立てていることを忘れているくらいの方がちょうどいいかもしれません。

（3）海外の株を買うという選択

我が家も長男は投信の積立を始めた横で、それを見ていた次男は日本の株ではなくアメリカの株を買うと言い出しました。

このころ、One Tap BUY（現 PayPay 証券株式会社）の口座を開設し、そのコンテンツに漫画があり、次男にはこれを読み聞かせしていました。

特にウォーレン・バフェットの教えに関しては、多くの投資を始める方に読んでほしい内容です。

確かに、時代も国も違いますが、11歳で初めて株を買ってのめりこんでいく様は大変勉強になります。

他にも数多くのアメリカの起業家のストーリーが載っています。

日本の起業家の偉人伝も素晴らしいですが、アメリカの偉人伝はやはり何より華やかさとスピードがあります。

アメリカの株？　日本の株もまだ始めてないのに、アメリカの株を買うの？　と言われそうですが、アメリカの株はそれこそ、日本の夜の時間に市場が始まり、朝終わります。ですので、学校から帰ってきてから、またはお仕事をされている方はお仕事中に日本株の動向をチェックするよりも良いということもあると思います。

夜ごはんを終えてお風呂に入って、ゆっくりしている頃に戦略を考えても十分間に合うわけです。

アメリカの市場はサマータイムがある３月中旬から11月上旬までは夜10時半から始まり、冬は11時半から始まります。アメリカの株は為替を避けて通れませんし、日本の株のように値幅制限がありません。ただ、１株から買えますし、日本株のように扱うことができます。寝不足には注意が必要ですが。

次男は売り損ねた長男をみていたので、少しの利益でも売却し銘柄を入れ替えています。

私も長男の失敗があるので、株の売却タイミングに関しては彼らの感性に従うようにしています。

（4）投資スタンスをきめる

株でも投資信託でも債券でもそうなのですが、価格は常に変動しています。その変動を活かして利益をあげてもいるので、価格変動が悪いものではないということはおわかりいただけたと思います。ただ、下がった時はやはり、怖い、どうしたらいいの？　と思われる方も多いと思います。

ひとつお勧めするのが投資ノートに「買う理由」を書いておくということです。株をしながら一番ドツボにハマってしまうのが、そもそもの目的や買った理由を忘れてしまうことなのです。

よく、投資の本などには〇%上がったら売る〇%下がったら売るとルールを決めておくといいでしょうと書いてあって、そうか、その通りやってみようといざ始めるのですが、何度もいいますが、「動いて」いるのです。確かにこのまま下がるならあそこで売っておけばよかったと思いがちですが、下がったところで、「明日には戻るかもしれない」とか「もっと株価は上がるかもしれない」と思ってしまうのが人間の心理です。

私がこの株式市場に足を踏み入れた時、株価ボードがチカチカする様子を見て、思いました。経済は動いていると。

まさにその通りで日々刻々と動いているわけです。それを機械のように〇%とできる人はそれこそデートレーダー向きだと思います。

それが難しいとわかっているからこそ、買う理由は必要なわけです。この株は思い入れがある大好きな会社だから、子供に相続するつもりで絶対売らないのか、値上がりに期待して買ったから、思ったように利益になるのでここで売ろう！　なのか。
もっと上がりそうならそこからまた買ってもいいわけです。

基本的には思い入れのある会社であればずっと持っていていいと思いますが、そうでないのであれば利益を取りにいくことを基本にし、配当や優待は持つ理由でとどめた方がいいとおもっています。

5日目で書いたように配当も、優待も絶対ではありません。

株価が思ったように上がらない、株価が下がってしまった、もしくはこの株は長期保有すると思っている株に配当や優待があるから持ち続けてもいいかという理由です。
現に私は保有しているトヨタ自動車は売却するつもりが今のところありません。

私は父が11年前に他界しているのですが、リーマンショックのあと、末期がんを宣告され落ち込んでいた父に大好きな投資の話で気を紛らわそうと買った株なのです。
これでトヨタがもし潰れるようなことになったら日本は終わるはずだなんて話ながら。

他の株は売ったり買ったりしましたが、このトヨタだけは利益がでていても売るつもりはないのです。現に株価は上がってきていて含み益もありますが、私にとってトヨタは絵にかいた餅でいいのです。配当も当初に比べたら増えてきて投資金額を考えた利回りも悪くないと満足しています。

株によってですが、長期保有したいもの、中期、短期でもいいものと分けて投資しています。そしていい思いをした銘柄はまた株価をみて下がったら買う。それでいいと思います。

最初に、お金を増やす、ためる理由が何なのかが大切とお話ししましたが、結局のところ、売却しなければそれこそ絵にかいた餅でしかないのです。そしてお金は経済を回す人に戻ってきます。

この買う理由がなくなったら損をしていても手放す勇気も必要です。もっと皆さんの投資を待っている会社に投資した方がいいからです。

４日目のコラムでも書きましたが、投資が初めていらっしゃるお客様とよくするのが「恋バナ」です。

投資と恋愛は似ていると常々お話しているのですが、ダメな男にハマってしまう人ほど塩漬けの株が手放せなかったりします。

また、安定した大型の株がなんとしてもいい人、そうではなく値動きの激しい株が好きな人、これも好みとよく似ているなぁ　と思ってみています。

どうしてこんなことが起こるかというと、恋愛もむき出しの感情が出てきたり不甲斐ない自分と向き合ったりしなければいけませんが、株の世界もAIや高速取引が出てきたとしても、未だに人の心理で動いているところもあるからです。それだけ人として試されている場所でもあるのです。

そんな世界であるからこそ、どれだけ理屈はあっても思うように動かなかったりします。だからこそ、冷静な心理でいれる人の方が利益を着実に積み重ねていける世界だと思っています。

好きになった最も大きな理由がなくなったら手放す、ここがベストですが好きになった理由が全部なくなったら、それはもうその株を持つ理由はないので売却する。でいいと思います。

色々な新聞や雑誌にも「買った方がいい銘柄」は掲載されていますが、売るのが一番難しいのです。もちろん、自分の口座は自分のお金でしか動かせませんが、もし、投資をするなら家族や心の置ける人と取り組んでほしいと思っています。そうすることで、自分だけでは冷静な判断ができなくても、冷静な目でみてくれる人と取り組むと少しでも満足いく判断ができると思います。

よくこの株いいらしいよのような話を飲み会の席で聞いて投資したという話も聞くことがありますが、これはお勧めしません。ある意味無責任に話せるからです。往々にして人は儲かった話は大きな声でしますが、損した話は隠したがります。

我が家は、投資は家族で相談して決めています。特に同じ親から生まれてきた兄弟でまだまだ子供ですが投資方針はすでに違います。

また投資信託の積立については、下落こそ、買い場と思って続けてください。そういった意味でも株をされる方こそ、積立の投資信託というのは安心感にもつながります。

投資信託については分散投資ゆえに直接投資するより下落の影響も少なくて済むのですが、大きく下がる、今回のコロナのような下落は、こんな言い方をすると不謹慎かもしれませんが、投資にとってはチャンスなわけです。

何度も言いますが、下がった時は、人間試されているわけです。まして全体下がっているときは一人が叫んで騒いでもどうにかなるものではありません。いち早く冷静になった人が勝ちます。

そんな時に次々に売ることを狼狽売りといいますが、そこには全くもって乗る必要はないと思っています。寧ろ、自分のタイミングがいつなのかの方が大切です。

自分のタイミングと市場のタイミングがぴったり合うとは限りませんので期間には多少バッファーをもたせてほしいと思います。

Coffee break

⑤ 立ち直りたかったら
”本気で”落ち込め!!
DEAD CAT BOUNCE 昨年の相場のハナシ

私が相場を愛してやまないのは、相場そのものが生き物のようだからなのです。思うようにいかないことも多く、教科書通りにいかないこともたくさんある、だから愛おしい。

昨年の末、プライベートで問題があり、この本を書いている最中でも辛くて進められないことが何度もありました。気持ちを切り替えて頑張ろうと思ってもどうしようもないことがありますよね。そう簡単に気持ちを切り替えることができないこともあります。仕事のひとつで、キャリアコンサルに近いお仕事もさせていただいているので、自分のことだけでなく他の若い皆さんの悩みと直面することも多く、悩みに直面している本人はつらいと思うのですが、見ている私は「言い学びの過程にいるな」と思うことも多いのです。過ぎ去って何年かしたら、人生のネタになります。正直私の「人生はすべてネタ」です。

それは、人が経験したことないようなことが起きた方がネタとしては面白いわけでこのネタには事欠かず、どんな苦境もネタにしてしまうので糧になっているわけです。今日本は平和で命を狙われるとか、命を落とす心配は昔に比べたら本当に少ないと思います。

ということは大抵のことは乗り越えられる力が人間には備わっています。

一日目にお話したようにたまに相場のようにリセッション（一時的な景気後退）が入ります。

昨年の私を株価に例えると言えば、夏場に最高値をつけました。どんどん仕事が広がってどんどん新しい出会いが入ってきて上昇気流にのっていたのです。

それが秋に入り少し不穏な流れを感じ始め 11 月末に一気に引き金が引かれ下落しました。

まさに昨年の相場でいうと、３月の歴史的下落だったわけです。

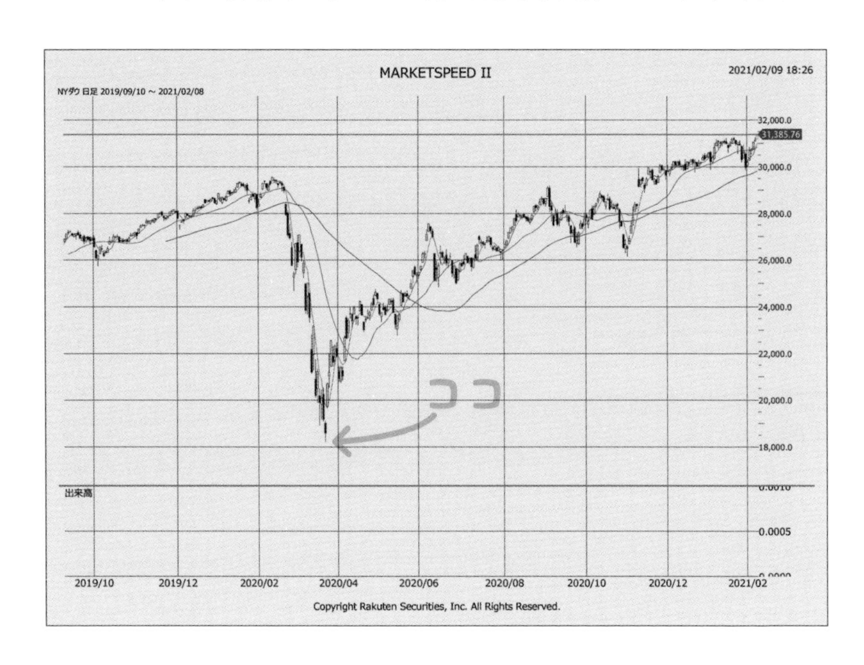

思えばアメリカの株価はリーマンショック以来最高値に近づいていた。

そこから１月21日に初のコロナウィルス患者が確認されたものの大きな影響を受けませんでした。

２月12日ダウ平均株価が市場最高値に達した後、世界各国の株価は２月末から急落しました。

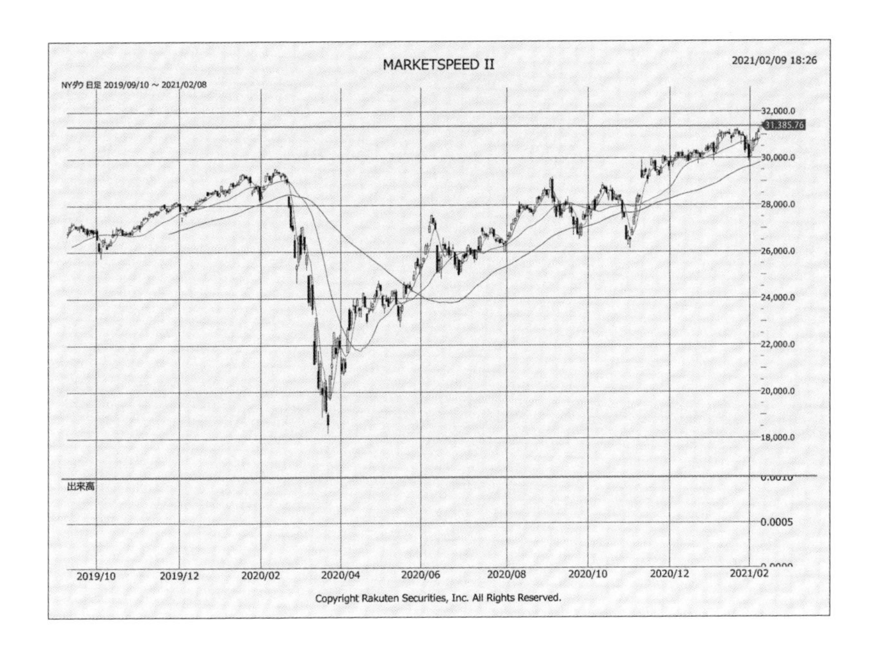

アメリカでの新型コロナウイルス流行が本格化しだした３月末から４月にかけてアメリカ株の歴史的な暴騰も起きました。

「デッド・キャット・バウンス」

高いところから落とせば死んだ猫も跳ね上がる

※大幅下落後又は大幅下落が続いている中での小幅回復を指す

夜中に端末を開いてはみたことのないくらいの下落がおきているかと思えば翌日には同じくらいの上昇が起きているような荒っぽい相場でした。

サーキットブレーカー（変動があまりに激しいと強制的に取引を停止させる制度）は何度も発動していました。

とある経済学者によれば、

おおよそ「5年に1回はリセッション（1時的な景気の後退）がくるよ」と言われているのです。

たしかに引き金になっていることはあるにせよ、世の中の大半のことはバイオリズムみたいなものがあって、実際の経済成長とは関係なく上がったり下がったりする部分もあります。

もうこれは贖えないのです。

なんでと言われたら、相場を動かすほどのお金を動かしている人がいて、小舟にのっている我々はそれに振り回される運命でもあり、こんな時に右往左往しても仕方がないわけです。

人も生きていれば、いい時もあれば悪い時もある。
頑張っていても悪い時もあるし、たいして頑張ってなくてもいい時もありますよね。

多くの市場に参加しているのはいかにAIがといっても最終的な受益者は人間である。となると心理的に動くこともあり実際の経済に合わない動き方をしてしかるべきと私は思っています。
これを株式分析においては“テクニカル分析”と言ったりするのですが、それはまたどこかでお話します。

猫好きの私から言うとDEAD CAT BOUNCEなんてひどい格言なわけですが
死んだ猫(私)も高い(最高値近辺)から落としたら跳ね上がります。
小幅に跳ね上がるくらいじゃ困るのですけど、指数においては急激に落ちた方が急反発しやすいし、下がったところを拾えたらその分回復は早いとも考えられます。

キャリアコンサルの仕事をしていると「悩んでいます」とやって来る人は多いのです。

ただよくよく聴くと「悲劇のヒロイン(ヒーロー)になりたい病」の人も多いのです。
だったらとことん落ちろよと思うときもあります。
なまじ中途半端に落ち込むからbounceできないので
どうせなら、落ち込むのも本気でやれよ‼

とことん急落させてサーキットブレーカー作動させろ‼　と思っています。ちゃんと底で掴めるだけ色んなものは掴むことです。

ここも相場と同じです。これが今後の回復に大きく寄与します。

落ち込んだ時、落ちる寸前でみんな落ちたくないから無理やり浮上させようと前向きな行動をとったりするけど、私はやめた方がいいと思っています。

本気で落ち込み、もがき苦しみ、とことん感じれば、それがその人の人生の糧になります。

周りも巻き込めば思い詰めて死ぬなんてことにならないし

あなたのために巻き込まれていい人間関係をいかに築けるか、そういう生き方してればいいのかなと思います。

たとえ誰かを巻き込んだとしても、誰かがつらい時、今度は頼られる側になればいいわけです。

楽しいこと幸せなことは分け合えば
喜びは何倍にもなるけれど
つらいこと、しんどいことは分け合えば
半分にもそれ以下にもなる
“A friend in need is a friend indeed.”
困ったときの友達こそ真の友

そういう関係を友達だけでなくご家族とも周りの皆さんとも作ってくださいね。

【7日目】

投資がもたらす効果

【7日目】
投資がもたらす効果

（1）学校教育の恩恵

投資がもたらす効果は資産形成や資産運用ということはおわかりいただけたと思います。

私は長らく投資を子供たちや未経験の方と取り組んできました。そこで投資を学ぶことがもたらすことは何もお金が増えた減っただけではないなと思ったわけです。

まず、学校の教育がかなり「使える」ということです。

私は15年も金融機関にいますが、もともと算数が苦手で計算機が手放せないし、数式の理屈をいちいち考えないと回答がだせなかったりします。

動いているものを扱っているのでスピードが勝負の時もあり、これでも必要に迫られて使っているので、随分早くはなりました。
しかし、これは小学校から算数や数学が苦手で避けて通ってきたからに他なりません。

私の子供たちには学校で習う前に必要に迫られて「平均」を教えましたし、掛け算、割り算がわかるようになった頃、一次方程式や二次方程式を習う前に、適正株価の出し方を教えました。すべて必要に迫られてです。

今はそんなこと自分で調べなくてもパソコンに入力したらわかるよ！　と言われますが、特に、投資においては、理屈を知っておくことは体感的に「わかる」には必要なことだと思っています。

また、嫌いではなかったのですが、私はずっと歴史を何で勉強するのだろうと思ってきました。もう過ぎたことだし、今更学んで何になるのだろうと。

投資の歴史やそれぞれの会社や制度のおいたちを知ると、物事の本質は「歴史」を知ることで分かる時もあります。

誰がどんな目的でそれを始めたのか、そしてどうしてそのことが何年も何十年も何百年も続いているのかには必ず「理由」があります。

今年の大河ドラマは渋沢栄一ですが、日本に株式会社を持ち込んだのは彼だと言われています。日本資本主義の父と呼ばれています。

この仕事をしていて一番彼の功績を讃えたいのは株式会社の起業

に500社も携わったこと、証券取引所を作ったことだと思っています。そもそも株式の始まりは十五世紀から十七世紀の大航海時代の資金調達方法としてその原型が始まったとされています。

この時代ヨーロッパ人は彼らの生活必需品であった香料（胡椒など）をアジアから直接手に入れたいと思っていました。

香料はとても貴重で高価だったわけです。

資産家が航海のために船や物資などを資金援助し、航海が成功した暁には収益を受け取りました。当時の航海技術は現在とは比にならないことは容易に想像がつくと思います。

つまり、航海が成功すれば巨額の富を得られる代わりに、遭難すればそこに出したお金はすべてなくなります。

そこで1人でお金を出すのではなく、複数からお金を出してもらう（出資してもらう）ようにしました。

1602年に設立された「オランダ東インド会社」は株式会社の原型と言われています。出資してくれた投資家に対し証明書（証券）を発行したのが株の起源とされています。

オランダ東インド会社のシステムは現在の株式会社に近いものがありました。

航海によって利益が出たら出資した分だけの収益が入る。多い年では50%もの配当があったともいわれています。

ここから18世紀に入り産業革命がおこったことにより、多くの資金を必要とされたこの時代に株式会社の自由化も一気に加速することになるのです。

株はなぜ株というのかというと、実は一説によると、「切り株」からきているのです。切り株は切ったあとも残る＝継承される身分や地位も「株」と呼ばれるようになったとされています。

日本には江戸時代ころから商工業者による同業組合がありましたが利権を保有、所有することを目的としていたため「株仲間」と呼ぶようになりました。実は英語で株式を意味する「stock」も切り株という意味があるのです。

債券はもっと歴史があります。
13世紀頃イタリア北部で発行されたのが最初と言われています。

当時のヨーロッパの国王たちは国の運営に商人などからお金を借

りることがありました。

王位が変わると、踏み倒されることも多かったのです。

そこで国王個人ではなく、政府や議会などの国家組織が返済を約束するかたちで、商人などにその「債券」を売る方法が考えられました。

その後、イタリアだけでなく、スペインやフランス、オランダなどでも、債券が発行されるようになり、長い歴史の中で債券の仕組みもどんどん整備され世界中で発行されるようになりました。

投資信託の「信託」というのは簡単にいうと、「自分の財産を信頼する人に託し、自分もしくは他人のために資産管理してもらう制度のこと」を言います。

信託の歴史は12～13世紀頃なのですが、現在のようにお金を増やす手段としての原型は19世紀にイギリスでできました。産業革命の頃、植民地支配とともに海外進出をしていた時期です。海外の投資には多額のお金が必要でした。

そして当時は海外の情報も得るのは今みたいにネットがあるわけでもなく、情報収集が大変で高い知識も必要でした。

このような投資を一部の限られた人ではなく、知識や経験を持つ人に投資を任せ、個人でも投資を可能にしたのが「投資組合」です。

1868年には株式会社化され、会社型の投資信託が誕生しました。
こんなに昔から、投資は多くの人の生活を支えてきたのです。

投資する側にもされる側にもそして社会の発展にとっても、まさに商売の基本、「三方よし」で役にたってきたからこそこんなに長く続いてきました。だから投機ではないのです。

（2）社会を知る

経済はお金の循環です。

お金が循環してこそ経済は発展します。だからこそ、株式市場で利益を出すことは悪いことではありません。
そこで得たお金をどんどん経済に循環させていけばいいのです。

また、自分が投資するために調べた会社をよくよくみていくと、社会が見えてきます。業界地図も私は大好きで買ってきてみたりしますが、業界地図は、株式市場にいるだけでわかってきます。

子供のころから株式にこのように触れていると、自分の興味や関心も見えてきます。

先日、とある会社の「コンデンサー」について調べていたのですが、普通に生きていて、コンデンサーを調べることなんてないだろうなと思っていました。

また、次男に半導体の会社を進めていた時、半導体を調べていました。半導体ってこんなものにまで使われているの？　UIてなに？とかDXってなに？　毎日調べていくうちに知っていることがどんどん増えていきます。

株主になると株主総会に出る権利も得られます。会社の生の声を聴きそれに意見できるチャンスまで貰えるわけです。

雑学王になれとはいいません。でも人生を考える時の選択肢は確実に増えます。これは若ければ若いほどチャンスをつかめるということです。

昔はそれこそ、偉人伝を手当たり次第読みました。今は株式市場にいるだけで毎日生の偉人伝に触れることができます。

私は年間200社くらいの会社を調べていると思いますが、他の人より確実に上を向いて歩いていることが多いと思います。

街に出ても好奇心でしか歩いていません。
特に子供には選択肢をたくさん与えたいと思っています。

投資にはそんな効果もあります。

（3）家族会議

お金のことって話すのが難しいですよね。

実の親だってどこに何がいくらあるか知らないことって多いと思うのです。

まさかこんなものに投資してこんなに損したなんて家族には言えない。なんてなる前に、ご家族に話してしまったらどうでしょうと思います。

子供のころから投機ではない投資を親子で考えてほしいと思っています。これは、私がFPの仕事をしていて思うのですがお金のことは特に「コトが起きるまで蓋をしておこう」というご家庭が多いと思っています。

お金のことは親子でも話すのはタブー視されている傾向があります。一番話すのにメンタルブロックがかかるお金のこと、投資をきっかけに、家族が若いうちからできる環境つくりをしておくは大事だなと思います。私の実家では「家族会議」と言うノートを作って定期的に家族で時間を取っていたことがあります。

当時どんなことを話あっていたかよく覚えていないのですが、ノートがあって招集されていた記憶はあります。これがお互いへの感謝や改善点、そして親が子供に伝えたいこと、子供が親に伝えたいことを話し合えたらいいなと思っています。

FPとして各ご家庭にお伺いする時、お金のこと、将来のこと、大切なことなのに、一度も話したことがありませんでした。と言われることがほとんどです。

なかなか、今まで家族会議などしてこなかったご家庭が突然家族会議します！　と宣言することさえ難しいとは思います。FPが来てその場でお話できてもご家族だけでお金のことを話す機会を継続するのはとても難しいのです。投資はそのきっかけになると思います。

子供は投資をしたくても未成年のうちは親の力を借りるしかありませんし、子供に投資を教えたい親御さんにとってもお金について話すきっかけになると思います。

また冒頭にも触れましたが、投資は「自己責任」の世界でもあります。

どんなに小さな額であれ、「自分で責任を取る」ということは投資の世界だけではなく、必要になってくることだと思います。

他責にしているうちは成長がないと思っていますが、世の中にはなんでもかんでも人のせいにしてしまう人も多いのです。

自分で責任をとることと、親に相談できるというバランスを教えるのにも親子で投資について話すことは有効と思っています。

何かを決める最終決定が本人であるというのはそれだけでも子供にとっては大きな学びとなります。

親は子供に線路をひいて「ここを通りなさい」と言うのではなく、子供の選択に協力し、最終決定は子供にさせることは社会に出てからも助けとなってくれる力になります。
それがすべて一気に話せるようにはならなくてもハードルを下げることができるようになると思っています。

実は家族って一番身近なはずなのに、お互いの腹の内を知らないまま、こじれて収拾がつかなくなるケースも多いのですよね。

お金をもって三途の川は渡れません。
お家は棺に入りません。
いつか必ず、家族に任せる時がくると思うのです。

その時スムーズに引き継ぎするために、家族ができた時からお金のことについてメンタルブロックなく話せる環境を作るというのはこれからの時代必要になってくると思います。

もし、親が投資をわからなくても一緒に勉強すればいいと思うのです。

子供の頃の記憶をたどったら、親が必死に教えてくれたことももちろん残ってはいますが、楽しい思い出として残るのは「一緒に夢中になって取り組んだこと」ではないでしょうか。

今は当たり前のようにスマホやパソコン、タブレットがあって、ゲーム機器も我々が子供のころとは比較にならないくらい優れていると思います。

私もずっと働いてきたので子守は電子機器がしてくれました。

気づけば親子で同じテレビ番組を見るような光景は今の時代ではないのかもしれません。

親子の関係が希薄になる中、ぜひ、親子で投資に取り組んでほしいと思っています。

わからなければ一緒に学べばいい。

きっとお子さんの方が学び早くて気づかないお互いの姿に気付けるとも思います。

おわりに

私は証券会社に勤務しながらも、華やかに数字を稼げる社員ではありませんでした。

何画面も置いてトレードするような華やかさも私にはありません。

高校時代に政治経済の授業を聞いて、世の中の仕組みを垣間見てその面白さんにハマり、どうしてこの歳になるまで、こんな面白い世界を学ぶ機会がなかったのだろうと思いました。

私が採用面接を受けた2004年「東海東京証券」で心を鷲掴みにされた「証券を生活産業に」というスローガンを会社が手放しても達成したいと思って試行錯誤しながらではありますが、金融業界に15年間身をおいてきました。

この思いがずっとあった私は富裕層相手の証券会社での勤務は諦め、もっと一般に、それこそ、生活産業になるレベルにまで、本当の投資を皆さんの人生の味方にして欲しいと思って仕事をしてきました。私がやろうとしてきたことは、それを単体で仕事にするのは難しく、それこそが業界の人たちから冷ややかな目で見られることもあり、何度も心が折れかけてきました。

そんな中、新卒から８年間お世話になった東海東京証券の上司や先輩方、そしてこの思いに賛同くださった仲間や友人が、たくさん力を貸してくださり、応援してくださいました。

そして思い出していたのは私が「投資」に心が躍った時のことでした。この感動を多くの人に味わって欲しい一心と応援に背中を押されて、セミナーや勉強会、見学会などをしながら、少しずつ夢を叶えつつあった中でいただいた、投資の本のお話。

やっと私がやりたかったことを形にできると思いこれまでかかわってくださった皆さんやつらかった、苦しかったことが走馬灯のように蘇り感謝で涙が溢れました。

育ててくれた両親や私が勤務してきた会社の上司や諸先輩方、私と関わってくださった友人や支えてくれた家族、そしてこの話をつないでくださった方々、本を書いたことがない私にご指導いただいた、出版社の方々に心からお礼申し上げます。

そしてもちろん、この本を取ってくださった皆様、最後までお付き合いくださり、本当にありがとうございます。

投資は私の人生に寄り添い、仕事としても、投資そのものとしても私の人生に彩りを与えてくれています。

私自身が誰よりも投資に生かされてきたのかもしれません。だから、マネーゲームと揶揄されたり、片づけられてしまうのがとても悲しいわけです。

投資は結局ツールでしかありません。
どう生かすかは皆さん次第です。

実はこのおわりに… を書いている今日、30年と半年ぶりに日経平均が30,000円を超えました。

先ほど証券会社の先輩と電話で話をしていたのですが、「生まれて初めて3万円台を見た。30年前は株式市場なんて意識してなかった、小中高大と勉強してきて証券のこと何も知らなかった」と言われ、歴史があり、長らく経済を支えてきた仕組みを知らない人が多いということがはやはり残念でなりませんし、この仕組みをもっと多くの人の武器にして欲しいと心から思っています。

知っている人だけが得をして知らない人は選ぶことさえできないってもったいないですよね。

ちなみに、我が家は子供たちがかえってきて私の第一声は「日経平均 30,000 円のっちゃったよ！　30 年ぶり」でした（笑）

2022 年から高校の家庭科の授業で「投資信託」が取り扱われるとのことで最初はなぜ社会ではなく、家庭科なのだろうと思ったわけですが、これは「資産形成」と考えると、家庭科で間違いないなと思っています。

一人ひとりが各々で投資を考えたり調べたり知識をつけることも必要ですが、希薄になりつつある家族関係で、お金のこともっと家族で話す時間が必要だと思うわけです。

投資信託だけではなくお金のこと家族のことをもっと話すきっかけになって欲しいなと思います。

ここまで取り上げてきた内容、特に個別の会社については経験談であり個別の銘柄を推奨するものではありません。

株は日本の東京証券取引所に上場する会社だけでも3,700社から3,800社もあります。

投資信託は日本で購入できるものは6,000本とも言われています。

皆さんがご自身にぴったりしっくりくるものがあると思っています。

ぜひ、日ごろから投資のアンテナを立ててそんな会社や投資をみつけてくださいね。

皆さんがこの本を通じて、投資っておもしろそうだなと投資の扉をひらいてくださり長く続けてくださることを期待しています。

またいつかお目にかかれる日を楽しみにしています。

この本の発行に関わって応援してくださった皆様に心から感謝申し上げます。

2021年3月　　髙橋　美春

参考情報・参考文献

日本取引所グループ・東京証券取引所　https://www.jpx.co.jp/

三菱 UFJ 銀行 HP　https://www.bk.mufg.jp/kojin/index.html

楽天証券 HP　https://www.rakuten-sec.co.jp/

トレーダーズ・ウェブ　https://www.traders.co.jp/domestic_stocks/domestic_stocks_top.asp

ラジオ NIKKEI・こちカブ　http://market.radionikkei.jp/kochikabu/

楽天証券マーケットスピード II　https://marketspeed.jp/ms2/

日本証券業協会 HP　https://www.jsda.or.jp/

金融庁 HP　https://www.fsa.go.jp/

東洋経済四季報オンライン　https://shikiho.jp/

スシロー HLDGS HP　https://www.sushiroglobalholdings.com/

株式会社 GoodMoneyger　https://goodmoneyger.com/

FPmama Friends　http://www.fpmama.com/

お金の健康診断｜国内最大級 お金の無料チャット相談　https://okane-kenko.jp/

各種セミナーのご案内など配信しています
official LINE のご登録はこちらまで

https://line.me/R/ti/p/%40ycx1934v

髙橋美春（たかはし・みはる）

ファイナンシャル･プランナー、独立系ファイナンシャル･アドバイザー（IFA）
損害保険トータルプランナー
横浜在住。中学１年生と小学５年生の母でもある。
長野県上田市真田町出身（真田家の系統）金融・不動産を生業にしていた父の元、学生時代から投資に興味をもつ。その後「証券を生活産業に」のキャッチフレーズに憧れ中堅証券会社に入社。父の死をきっかけに国内生命保険に転職し現在はIFAとして「証券を生活産業に」すべく投資・保険・確定拠出年金を扱う傍ら、セミナー・イベント誘致の会社を経営。
自身の子供には小学１年生から投資教育を始める。コロナ以前は東京証券取引所に毎年夏・大納会に見学に訪れ、日々の生活ではモーニングサテライトを流すなど、投資感度をあげる仕掛けをたくさんし、やわらか投資脳を育てている。
周囲から、親子で学びたいとの希望が相次ぎ、東証見学・投資ボードゲームから投資の興味を上げる「こども投資教室」を始める。投資という観点だけではなく“キャッシュポイント”を持つことで「好きを仕事にしてほしい」、ひとりひとりに「自分の人生を歩んでほしい」という願いから、各種講座や地域活性・社会貢献に繋がる事業も行っている。

1週間で身につく、14歳からの投資

2021年４月14日　　初版発行
2022年７月27日　　２刷発行

著　者　髙　橋　美　春
発行者　和　田　智　明
発行所　株式会社　ぱる出版

〒160-0011　東京都新宿区若葉１-９-16
03(3353)2835―代表　03(3353)2826―FAX
03(3353)3679―編集
振替　東京　00100-3-131586
印刷・製本　中央精版印刷(株)

ISBN978-4-8272-1276-1　C0033